전면개정판 제36회 공인중개사 시험대비

박문각 공인중개사

이승현 샘의 **5G** 합격노트

2차 부동산공시법령

이승현 편저

브랜드만족
1위
박문각

근거자료
후면표기

**20
25**

동영상강의
www.pmg.co.kr

합격까지 박문각
합격 노하우가 다르다!

박문각

이 책의 차례

PART
01

공간정보의
구축 및 관리 등에
관한 법률

PART
02

부동산등기법

박문각 공인중개사

박문각 공인중개사

공간정보의
구축 및 관리 등에
관한 법률

Chapter 01 공간정보의 구축 및 관리 등에 관한 법률

1. 지적(地籍)의 정의

국가기관이 국토의 전체를 필지단위로 구획하여 토지에 대한 물리적현황과 법적권리 관계 등을 등록·공시하고 변동사항을 영속적으로 등록·관리하는 기록물을 말한다.

2. 지적의 요소

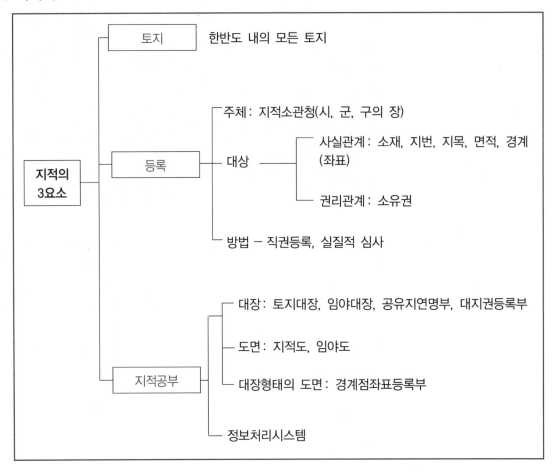

3. 지적제도와 등기제도 비교

구 분	지적제도	등기제도
기본법	공간정보구축 및 관리에 관한 법률	부동산등기법
기 능	토지에 대한 사실관계 공시목적 ▶ 권리객체	토지에 대한 권리관계 공시목적 ▶ 권리주체
담당기관	행정부(국토교통부)	사법부
대 상	토지	토지, 건물(사권의 목적인 것)
공부의 편제방법	① 동·리별 지번순 ② 물적 편성주의(1필지 1용지)	① 동·리별 지번순 ② 물적 편성주의(1부동산 1등기 용지)
신청방법	단독신청주의 직권등록주의	공동신청주의 ▶ 등기권리자 및 등기의무자
심사방법	실질적 심사주의	형식적 심사주의
추정력	부인	인정
공신력	부인	부인

1. 공간정보구축 및 관리에 관한 법률의 제정 목적 및 규정사항

이 법은 측량의 기준 및 절차와 지적공부(地籍公簿)·부동산종합공부(不動産綜合公簿)의 작성 및 관리 등에 관한 사항을 규정함으로써 국토의 효율적 관리 및 국민의 소유권 보호에 기여함을 목적으로 한다. <법 제1조>

2. 공간정보구축 및 관리에 관한 법률의 주요이념

지적국정주의	지적에 관한 사항은 국가만이 결정한다.
지적형식(등록) 주의	지적에 관한 사항은 지적공부에 등록이라는 형식을 갖추어야만 효력을 갖는다(= 지적등록주의).
직권등록주의	모든 영토를 국가가 강제적으로 지적공부에 등록·공시하여야 한다(= 적극적 등록주의, 강제적 등록주의).
지적공개주의	지적에 관한 사항은 누구나 정당하게 이용할 수 있도록 하여야 한다.
실질적 심사주의	지적에 관한 사항을 지적공부에 등록하는 때에는 조사·측량하여 실제현황과 부합되도록 등록하여야 한다(= 사실적심사주의).

3. 용어의정의(법 제2조)

① "지적소관청"이란 지적공부를 관리하는 시장(「제주특별자치도 설치 및 국제자유도시 조성을 위한 특별법」 제15조 제2항에 따른 행정시의 시장을 포함하며, 「지방자치법」 제3조 제3항에 따라 자치구가 아닌 구를 두는 시의 시장은 제외한다)·군수 또는 구청장(자치구가 아닌 구의 구청장을 포함한다)을 말한다.

핵심지문

> 서울특별시장, 광역시장, 대도시시장은 지적소관청이 아니다.

② "지적공부"란 토지대장, 임야대장, 공유지연명부, 대지권등록부, 지적도, 임야도 및 경계점좌표등록부 등 지적측량 등을 통하여 조사된 토지의 표시와 해당 토지의 소유자 등을 기록한 대장 및 도면(정보처리시스템을 통하여 기록·저장된 것을 포함한다)을 말한다.

핵심지문

> 부동산종합공부, 일람도, 색인도는 지적공부가 아니다.

③ "토지의 표시"란 지적공부에 토지의 소재·지번(地番)·지목(地目)·면적·경계 또는 좌표를 등록한 것을 말한다.

④ "필지"란 대통령령으로 정하는 바에 따라 구획되는 토지의 등록단위를 말한다.

⑤ "지번"이란 필지에 부여하여 지적공부에 등록한 번호를 말한다.

⑥ "지번부여지역"이란 지번을 부여하는 단위지역으로서 동·리 또는 이에 준하는 지역을 말한다.

⑦ "지목"이란 토지의 주된 용도에 따라 토지의 종류를 구분하여 지적공부에 등록한 것을 말한다.

⑧ "경계점"이란 필지를 구획하는 선의 굴곡점으로서 지적도나 임야도에 도해(圖解) 형태로 등록하거나 경계점좌표등록부에 좌표 형태로 등록하는 점을 말한다.

⑨ "경계"란 필지별로 경계점들을 직선으로 연결하여 지적공부에 등록한 선을 말한다.

⑩ "면적"이란 지적공부에 등록한 필지의 수평면상 넓이를 말한다.

⑪ "토지의 이동(異動)"이란 토지의 표시를 새로 정하거나 변경 또는 말소하는 것을 말한다.

⑫ "신규등록"이란 새로 조성된 토지와 지적공부에 등록되어 있지 아니한 토지를 지적공부에 등록하는 것을 말한다.

⑬ "등록전환"이란 임야대장 및 임야도에 등록된 토지를 토지대장 및 지적도에 옮겨 등록하는 것을 말한다.

⑭ "분할"이란 지적공부에 등록된 1필지를 2필지 이상으로 나누어 등록하는 것을 말한다.

⑮ "합병"이란 지적공부에 등록된 2필지 이상을 1필지로 합하여 등록하는 것을 말한다.

⑯ "지목변경"이란 지적공부에 등록된 지목을 다른 지목으로 바꾸어 등록하는 것을 말한다.

⑰ "축척변경"이란 지적도에 등록된 경계점의 정밀도를 높이기 위하여 작은 축척을 큰 축척으로 변경하여 등록하는 것을 말한다.

4. 토지의 조사 및 등록

국토교통부장관은 공간정보구축 및 관리에 관한 법률이 정하는 바에 의하여 모든 토지를 필지마다 토지의 소재·지번·지목·면적·경계 또는 좌표 등을 조사·측량 하여 지적공부에 등록하여야 한다(법 제64조 제1항).

핵심지문

> 1. 국토교통부장관은 모든 토지에 대하여 필지별로 소재 · 지번 · 지목 · 면적 · 경계 또는 좌표 등을 조사 · 측량하여 지적공부에 등록하여야 한다.
> 2. 지적소관청은 토지이동현황 조사결과에 따라 토지의 지번 · 지목 · 면적 · 경계 또는 좌표를 결정한 때에는 이에 따라 지적공부를 정리하여야 한다.

⑴ **신청이 있는 경우**: 토지의 이동이 있는 때에 토지소유자의 신청에 의하여 지적소관청이 결정한다.

⑵ **신청이 없는 경우(직권등록)**: 지적소관청이 직권으로 조사 · 측량하여 결정할 수 있다.

1) 토지이동현황조사계획수립 🔒 주의: 이용이 아님에 주의

2) 토지이동현황 조사

3) 토지이동조사부 작성

4) 토지이동정리결의서 작성

5) 지적공부정리

📖 **기출문제**

1. 공간정보의 구축 및 관리 등에 관한 법령상 토지의 조사 · 등록에 관한 설명이다. ( )에 들어갈 내용으로 옳은 것은? 제33회

> 지적소관청은 토지의 이동현황을 직권으로 조사 · 측량하여 토지의 지번 · 지목 · 면적 · 경계 또는 좌표를 결정하려는 때에는 토지이동현황 조사계획을 수립하여야 한다.
> 이 경우 토지이동현황 조사계획은 (ㄱ)별로 수립하되, 부득이한 사유가 있는 때에는 (ㄴ)별로 수립할 수 있다.

① ㄱ: 시 · 군 · 구, ㄴ: 읍 · 면 · 동
② ㄱ: 시 · 군 · 구, ㄴ: 시 · 도
③ ㄱ: 읍 · 면 · 동, ㄴ: 시 · 군 · 구
④ ㄱ: 읍 · 면 · 동, ㄴ: 시 · 도
⑤ ㄱ: 시 · 도, ㄴ: 시 · 군 · 구

정답 1. ①

5. 필지(등록의 단위)

(1) **필지의 의의** : 하나의 지번이 붙는 토지의 등록단위로서 인위적 단위이며 소유권이 미치는 범위와 한계를 나타낸다.

(2) **필지의 성립요건**(합병이 가능한 경우)

> ① ⓼유자가 같을 것
> ② 용도(㉭목)가 동일할 것
> ③ ㉭번부여지역이 같을 것
> ④ ㉭반이 물리적으로 연속될 것
> ⑤ 지적공부의 ㉭척이 같을 것
> ⑥ ㉲기 여부가 같을 것

(3) **양입지(量入地)** : 주된 용도의 토지에 편입되어 1필지로 획정되는 종된 토지
> ▶ 양입되지 않으면 별개의 필지로 획정하여야 한다.

양입요건	① 주된 용도의 토지의 편의를 위하여 설치된 도로·구거 등의 부지 ② 주된 용도의 토지에 접속되거나 주된 용도의 토지로 둘러싸인 토지로서 다른 용도로 사용하고 있는 토지
양입 제한요건	① 종된 용도의 토지의 지목이 '대(垈)'인 경우 ② 종된 용도의 토지면적이 주된 용도의 토지면적의 10%를 초과하는 경우 ③ 종된 용도의 토지면적이 330m²를 초과하는 경우

6. 지번

(1) **의의** : 필지에 부여하여 지적공부에 등록한 번호를 말하며 지적소관청이 지번부여지역별로 순차적으로 부여한다.

(2) **지번의 표기**(영 제56조)

1) 지번은 아라비아숫자로 표기하되, 임야대장 및 임야도에 등록하는 토지의 지번은 숫자 앞에 '산'자를 붙인다.

[핵심지문]

> 지번은 아라비아 숫자로 표기하되, 임야대장 및 임야도에 등록하는 토지의 지번은 숫자 앞에 "산"자를 붙인다.

2) 지번은 본번과 부번으로 구성하되 본번과 부번 사이에 '‐' 표시로 연결한다. 이 경우 '‐' 표시는 '의'라고 읽는다.

(3) **지번부여기준** : 북서기번법에 의함을 원칙으로 한다(법 제66조)

www.pmg.co.kr

🏠 **북서기번법**

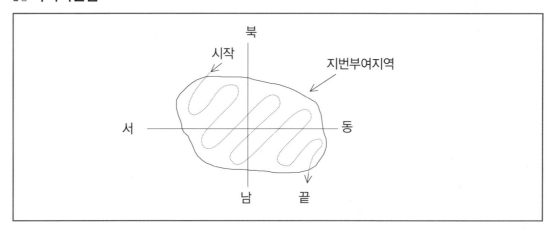

(4) **토지이동에 따른 지번부여 기준**

신규등록 및 등록전환에 있어서의 지번부여	
원 칙	부번 (인접토지의 본번에 부번부여)
예 외	**본번** (다음의 경우 최종 본번 다음 본번으로 순차적 지번부여)부여할 수 있다. ㉠ 대상토지가 그 지번부여지역 안의 최종지번에 인접되어 있는 경우 ㉡ 이미 등록된 토지와 멀리 있어 부번을 부여하는 것이 불합리한 경우 ㉢ 대상토지가 여러 필지로 되어 있는 경우

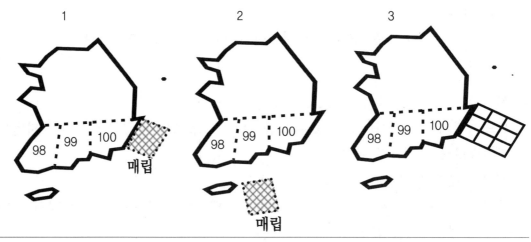

1. 최종지번에 인접
2. 멀리 떨어져 불합리한 경우
3. 여러필지

핵심지문

신규등록의 경우에는 그 지번부여지역에서 인접토지의 본번에 부번을 붙여서 지번을 부여하는 것을 원칙으로 한다.

분할에 있어서의 지번부여	
원칙	부번 (북서쪽에 있는 필지의 지번은 분할 전 지번으로 하고, 나머지 필지의 지번은 본번의 최종부번의 다음 순번으로 부번부여)
예외	주거·사무실 등 건축물이 있는 필지에 분할 전 지번 우선 부여하여야 한다.(**의무**)

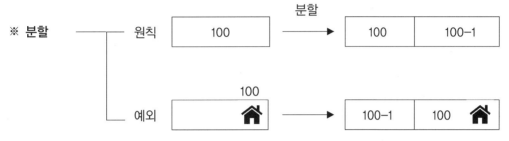

합병에 있어서의 지번부여	
원 칙	선순위 지번 (본번으로 된 지번이 있는 때는 본번 중 선순위 지번을 합병 후 지번으로 부여)
예 외	주거·사무실 등의 건축물이 위치한 지번을 토지소유자가 합병 후의 지번으로 신청하는 때 그 지번을 합병 후의 지번으로 부여하여야 한다. (**신청 ⇨ 의무**)

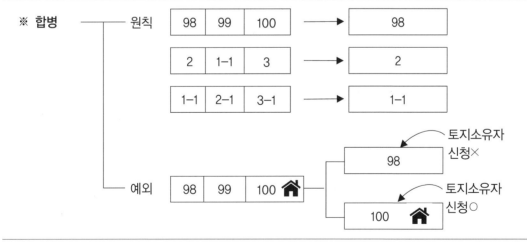

지적확정측량 실시지역의 지번부여		
원 칙	본번 (다음의 지번을 제외한 본번으로 부여) ㉠ 지적확정측량을 실시한 지역 안의 종전의 지번과 지적확정측량을 실시한 지역 밖에 있는 본번이 같은 지번일 때 그 지번 ㉡ 지적확정측량을 실시한 지역의 경계에 걸쳐 있는 지번	
예 외	본번·부번 (종전 지번의 수가 새로이 부여할 지번의 수보다 적은 때) ㉠ 블록단위로 하나의 본번을 부여한 후 필지별로 부번을 부여하거나, ㉡ 최종 본번의 다음 본번으로 순차적으로 지번 부여	
준 용	• 지번부여지역 안의 지번변경을 하는 때 • 행정구역개편에 따라 새로이 지번을 부여하는 때 • 축척변경시행지역 안의 필지에 지번을 부여하는 때 • 도시개발 사업 등이 준공되기 전에 사업시행자가 지번부여신청을 하는 때	

블록단위로 하나의 본번을 부여한 후 필지별로 부번을 부여

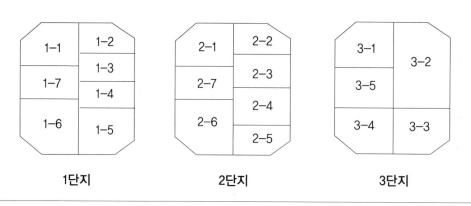

1단지　　　　　　2단지　　　　　　3단지

⑸ **지번변경**

1) **의의**: 지번부여지역 내 전부 or 일부의 지번이 순차적으로 부여되지 아니한 경우

2) **절차**

- 시·도지사 or 대도시 시장에게 지번변경 승인신청서 제출
- 시·도지사 or 대도시 시장이 심사 후 통지
- 지번 변경
- 관할등기소에 등기 촉탁
- 소유자에게 통지

⑹ 지번에 결번 발생시(합병, 등록전환, 축척변경, 지번변경, 도시개발 등) 결번대장에 기록

발생○	• 등록전환	• 합병
	• 도시개발사업	• 지번변경
	• 축척변경 등	
발생×	• 신규등록	
	• 분할	

🔒 지적소관청은 행정구역의 변경, 도시개발사업의 시행, 지번변경, 축척변경, 합병 등의 사유로 지번에 결번이 생긴 때에는 지체없이 그 사유를 결번대장에 적어 영구히 보존하여야 한다.

핵심지문

1. 지적소관청은 지번을 변경할 필요가 있다고 인정하면 시 · 도지사나 대도시 시장의 승인을 받아 지번부여지역의 전부 또는 일부에 대하여 지번을 새로 부여할 수 있다.
2. 지적소관청은 축척변경으로 지번에 결번이 생긴 때에는 지체 없이 그 사유를 결번대장에 적어 영구히 보존하여야 한다.

📖 확인문제

1. 공간정보의 구축 및 관리 등에 관한 법령상 등록전환에 따른 지번부여시 그 지번 부여지역의 최종 본번의 다음 순번부터 본번으로 하여 순차적으로 지번을 부여할 수 있는 경우에 해당하는 것을 모두 고른 것은? 제35회

　㉠ 대상토지가 여러 필지로 되어 있는 경우
　㉡ 대상토지가 그 지번부여지역의 최종 지번의 토지에 인접하여 있는 경우
　㉢ 대상토지가 이미 등록된 토지와 멀리 떨어져 있어서 등록된 토지의 본번에 부번 을 부여하는 것이 불합리한 경우

① ㉠　　　　　　　② ㉠, ㉡　　　　　　　③ ㉠, ㉢
④ ㉡, ㉢　　　　　　⑤ ㉠, ㉡, ㉢

정답 1. ⑤

7. 지목

(1) **의의** : 토지의 주된 용도에 따라 토지의 종류를 구분하여 지적공부에 등록한 것을 말하며, 현행 지적법에서는 28가지의 용도에 따른 지목을 규정하고 있다.

(2) **지목설정의 원칙(법 제67조, 영 제59조)**

1) **지목법정주의**

2) 1필1목의 원칙

3) 주지목추종의 원칙

4) 일시변경불변의 원칙(영속성의 원칙)

(3) **지목의 표시**

1) **대장** - 정식명칭 그대로 한글로 표기

2) **도면** - 부호로 표기

> 두문자주의 : 원칙
>
> 차문자 지목 : 주㉯장, 공㉝용지, 하㉔, 유㉙지

(4) **지목의 구분**

1	전	물을 상시적으로 이용하지 아니하고 곡물·원예작물(과수류는 제외)·약초·뽕나무·닥나무·묘목·관상수 등의 식물을 주로 재배하는 토지와 식용을 위하여 죽순을 재배하는 토지는 "전"으로 한다.
2	답	물을 상시적으로 직접 이용하여 벼·연·미나리·왕골 등의 식물을 주로 재배하는 토지는 "답"으로 한다. • 연·왕골 등이 자생하는 배수가 잘 되지 아니하는 토지 ⇒ 유지 • 전과 답의 구분 : 물을 이용하는 것과 이용하지 않는 경작방식에 의해 구분
3	과수원	사과·배·밤·호도·귤나무 등 과수류를 집단적으로 재배하는 토지와 이에 접속된 저장고 등 부속시설물의 부지는 "과수원"으로 한다. • 과수원 내의 주거용 건축물의 부지 ⇒ 대 • 밤·호도나무·잣나무 등의 유실수가 자생하는 토지 ⇒ 임야
4	목장용지	다음의 토지는 "목장용지"로 한다. ㉠ 축산업 및 낙농업을 하기 위하여 초지를 조성한 토지 ㉡ 축산법 제2조 제1호의 규정에 의한 가축을 사육하는 축사 등의 부지 ㉢ ㉠ 및 ㉡의 토지와 접속된 부속시설물의 부지

5	임 야	산림 및 원야(原野)를 이루고 있는 수림지·죽림지·암석지·자갈땅·모래땅·습지·황무지 등의 토지는 "임야"로 한다.
6	광천지	지하에서 온수·약수·석유류 등이 용출되는 용출구와 그 유지(維持)에 사용되는 부지는 "광천지"로 한다. • 온수·약수·석유류 등을 일정한 장소로 운송하는 송수관·송유관 및 저장시설의 부지 ⇒ 잡종지
7	염 전	바닷물을 끌어 들여 소금을 채취하기 위하여 조성된 토지와 이에 접속된 제염장 등 부속시설물의 부지는 "염전"으로 한다. • 동력에 의해 바닷물을 끌어들여 소금을 만드는 제조공장 ⇒ 공장용지
8	대	다음의 토지는 "대"로 한다. • 영구적 건축물 중 주거·사무실·점포와 박물관·극장·미술관 등 문화시설과 이에 접속된 정원 및 부속시설물의 부지 • 국토의 계획 및 이용에 관한 법률 등 관계법령에 의한 택지조성공사가 준공된 토지·건축물의 용도에 따른 지목설정기준
9	공장 용지	다음의 토지는 "공장용지"로 한다. • 제조업을 하고 있는 공장시설물의 부지 • 산업집적활성화 및 공장설립에 관한 법률 등 관계법령에 의한 공장 부지조성공사가 준공된 토지 • 상기 토지와 같은 구역 안에 있는 의료시설 등 부속시설물의 부지는 "공장용지"로 한다. ▶ 부속시설물 : 전용식당·병원·운동장·교육장 ·기숙사
10	학교 용지	학교의 교사와 이에 접속된 체육장 등 부속시설물의 부지는 "학교용지"로 한다. • 학교시설구역으로부터 떨어진 실습지·기숙사·사택 등의 부지는 학교용지로 설정하지 아니함 • 사설학원 및 연구소의 부지 ⇒ 대
11	주차장	자동차 등의 주차에 필요한 독립적인 시설을 갖춘 부지와 주차전용 건축물 및 이에 접속된 부속시설물의 부지는 "주차장"으로 한다. 다만, 다음에 해당하는 시설의 부지를 제외한다. ㉠ 주차장법 규정에 의한 노상주차장 및 부설주차장(주차장법 규정에 의하여 시설물의 부지인근에 설치된 부설주차장을 제외한다) ㉡ 자동차 등의 판매목적으로 설치된 물류장 및 야외전시장

12	주유소 용지	다음의 토지는 "주유소용지"로 한다. 다만, 자동차·선박·기차 등의 제작 또는 정비공장 안에 설치된 급유·송유시설 등의 부지를 제외 한다. ㉠ 석유·석유제품 또는 액화석유가스 등의 판매를 위하여 일정한 　설비를 갖춘 시설물의 부지 ㉡ 저유소 및 원유저장소의 부지와 이에 접속된 부속시설물의 부지
13	창고 용지	물건 등을 보관 또는 저장하기 위하여 독립적으로 설치된 보관시설물 의 부지와 이에 접속된 부속시설물의 부지는 "창고용지"로 한다.
14	도 로	다음의 토지는 "도로"로 한다. 다만, 아파트·공장 등 단일용도의 일정 한 단지 안에 설치된 통로 등을 제외한다. ㉠ 일반 공중의 교통운수를 위하여 보행 또는 차량운행에 필요한 　일정한 설비 또는 형태를 갖추어 이용되는 토지 ㉡ 도로법 등 관계법령에 의하여 도로로 개설된 토지 ㉢ 고속도로 안의 휴게소 부지 ㉣ 2필지 이상에 진입하는 통로로 이용되는 토지
15	철도 용지	교통운수를 위하여 일정한 궤도 등의 설비와 형태를 갖추어 이용되는 토지와 이에 접속된 역사·차고·발전시설 및 공작창 등 부속시설물 의 부지는 "철도용지"로 한다.
16	제 방	조수·자연유수·모래·바람 등을 막기 위하여 설치된 방조제· 방수제·방사제·방파제 등의 부지는 "제방"으로 한다. • 제방 위를 "도로"로 사용하는 경우 제방의 용도가 존속되는 한, 이를 　도로로 지목변경할 수 없음
17	하 천	자연의 유수(流水)가 있거나 있을 것으로 예상되는 토지는 "하천"으로 한다.
18	구거	용수 또는 배수를 위하여 일정한 형태를 갖춘 인공적인 수로·둑 및 그 부속시설물의 부지와 자연의 유수(流水)가 있거나 있을 것으로 예상되는 소규모 수로부지는 "구거"로 한다.
19	유 지	물이 고이거나 상시적으로 물을 저장하고 있는 댐·저수지·소류지 (沼溜地)·호수·연못 등의 토지와 연·왕골 등이 자생하는 배수가 잘 되지 아니하는 토지. • 소류지: 천연의 지형을 이용(주로 산골짜기)하여 설치한 농업생산을 　위한 관개시설
20	양어장	육상에 인공으로 조성된 수산생물의 번식 또는 양식을 위한 시설을 갖춘 부지와 이에 접속된 부속시설물의 부지는 "양어장"으로 한다.

21	수도 용지	물을 정수하여 공급하기 위한 취수·저수·도수(導水)·정수·송수 및 배수시설의 부지 및 이에 접속된 부속시설물의 부지는 "수도용지"로 한다. • 송수 또는 배수관의 매설부지를 도로로 사용한다 하더라도 도로로 지목변경을 해서는 안 되며, 이미 개설된 도로에 송수 또는 배수관을 매설한 경우에도 수도용지로 지목변경을 해서는 안 된다.
22	공 원	일반 공중의 보건·휴양 및 정서생활에 이용하기 위한 시설을 갖춘 토지로서 국토의 계획 및 이용에 관한 법률에 의하여 공원 또는 녹지로 결정·고시된 토지는 "공원"으로 한다. ※ 국토의 계획 및 이용에 관한 법상 공원 − 공원 　자연공원법상(국립공원, 도립공원, 군립공원 등) 공원 − 임야 　도시공원법상 공원 − 묘지
23	체육 용지	국민의 건강증진 등을 위한 체육활동에 적합한 시설과 형태를 갖춘 종합운동장·실내체육관·야구장·골프장·스키장·승마장·경륜장 등 체육시설의 토지와 이에 접속된 부속시설물의 부지는 "체육용지"로 한다. 다만, 체육시설로서의 영속성과 독립성이 미흡한 정구장·골프연습장·실내수영장 및 체육도장·유수(流水)를 이용한 요트장 및 카누장·산림 안의 야영장 등의 토지를 제외한다.
24	유원지	일반 공중의 위락·휴양 등에 적합한 시설물을 종합적으로 갖춘 수영장·유선장·낚시터·어린이놀이터·동물원·식물원·민속촌·경마장 등의 토지와 이에 접속된 부속시설물의 부지는 "유원지"로 한다. 다만, 이들 시설과의 거리 등으로 보아 독립적인 것으로 인정되는 숙식시설 및 유기장의 부지와 하천·구거 또는 유지[공유(公有)의 것에 한한다]로 분류되는 것을 제외한다. ※ 종마장 : 목장용지 ※ 경마장 : 유원지 ※ 승마장 : 체육용지
25	종교 용지	일반 공중의 종교의식을 위하여 예배·법요·설교·제사 등을 하기 위한 교회·사찰·향교 등 건축물의 부지와 이에 접속된 부속시설물의 부지는 "종교용지"로 한다. ※ 제례를 올리는 사당 : 종교용지 ※ 상업용 건축물의 일부를 임대하여 예배, 설교 등을 행하는 교회, 사찰 : 대 ※ 종교단체는 법인설립허가 여부와 관계없이 종교집회장이나 수도장을 건축하여 사용·승인된 경우의 지목은 '종교용지'로 한다.

www.pmg.co.kr

		※ 종교시설(교회)과 접속된 주택 부지의 지목 : 건축물의 용도가 주택이라 하더라도 교회의 유지·관리에 필요한 관계자가 거주하는 경우, 종교용지의 접속된 부속시설물로 보아 종교용지로 본다.
26	사적지	문화재로 지정된 역사적인 유적·고적·기념물 등을 보존하기 위하여 구획된 토지는 "사적지"로 한다. 다만, 학교용지·공원·종교용지 등 다른 지목으로 된 토지 안에 있는 유적·고적·기념물 등을 보호하기 위하여 구획된 토지를 제외한다.
27	묘 지	사람의 시체나 유골이 매장된 토지, 도시공원 및 녹지 등에 관한 법률에 의한 묘지공원으로 결정·고시된 토지 및 장사 등에 관한 법률 제2조 제9호의 규정에 의한 봉안시설과 이에 접속된 부속시설물의 부지는 "묘지"로 한다. 다만, 묘지의 관리를 위한 건축물의 부지는 "대"로 한다. • 묘지관리를 위한 건축물 부지(묘지관리사무소) ⇒ 대

핵심지문

공장용지, 학교용지, 종교용지 내 주거용 건축물의 지목은 대로 설정하지 않는다. 따라서 공장용지, 학교용지, 종교용지로 한다.

핵심지문

문화재로 지정된 역사적인 유적·고적·기념물 등을 보존하기 위하여 구획된 토지의 지목은 "사적지"로 한다. 다만, 학교용지·공원·종교용지 등 다른 지목으로 된 토지에 있는 유적·고적·기념물 등을 보호하기 위하여 구획된 토지는 사적지로 하지 아니한다.

28	잡종지	다음의 토지는 "잡종지"로 한다. 다만, 원상회복을 조건으로 돌을 캐내는 곳 또는 흙을 파내는 곳으로 허가된 토지를 제외한다. ㉠ 갈대밭, 실외에 물건을 쌓아두는 곳, 돌을 캐내는 곳, 흙을 파내는 곳, 야외시장, 비행장, 공동우물 ㉡ 영구적 건축물중 변전소, 송신소, 수신소, 송유시설, 도축장, 자동차 운전학원, 쓰레기 및 오물처리장 등의 부지 ㉢ 다른 지목에 속하지 아니하는 토지 ※ 농어촌휴양지역 내 야영장 부지의 지목설정(잡종지) ※ 콩나물재배사의 지목설정(잡종지) ※ 위험물 이동탱크저장소 부지의 지목설정(잡종지) ※ 분뇨종말처리시설의 지목설정(잡종지) ※ 자동차관련시설(차고, 세차시설, 사무실, 식당) 부지는 잡종지로 하여야 한다.

핵심지문

다음의 토지는 잡종지로 한다. 다만, 원상회복을 조건으로 돌을 캐내는 곳 또는 흙을 파내는 곳으로 허가된 토지는 제외한다.
① 갈대밭, 실외에 물건을 쌓아두는 곳, 돌을 캐내는 곳, 흙을 파내는 곳, 야외시장 및 공동우물
② 변전소, 송신소, 수신소 및 송유시설 등의 부지
③ 여객자동차터미널, 자동차운전학원 및 폐차장 등 자동차와 관련된 독립적인 시설물을 갖춘 부지
④ 공항시설 및 항만시설 부지
⑤ 도축장, 쓰레기처리장 및 오물처리장 등의 부지
⑥ 그 밖에 다른 지목에 속하지 않는 토지

📖 확인문제

1. 공간정보의 구축 및 관리 등에 관한 법령상 지목을 '잡종지'로 정할 수 있는 기준에 대한 내용으로 틀린 것은? (단, 원상회복을 조건으로 돌을 캐내는 곳 또는 흙을 파내는 곳으로 허가된 토지는 제외함) 제35회
① 공항시설 및 항만시설 부지
② 변전소, 송신소, 수신소 및 송유시설 등의 부지
③ 도축장, 쓰레기처리장 및 오물처리장 등의 부지
④ 모래·바람 등을 막기 위하여 설치된 방사제·방파제 등의 부지
⑤ 갈대밭, 실외에 물건을 쌓아두는 곳, 돌을 캐내는 곳, 흙을 파내는 곳, 야외시장 및 공동우물

2. 공간정보의 구축 및 관리 등에 관한 법령상 지목의 구분 및 설정방법 등에 관한 설명으로 틀린 것은? 제35회
① 필지마다 하나의 지목을 설정하여야 한다.
② 1필지가 둘 이상의 용도로 활용되는 경우에는 주된 용도에 따라 지목을 설정하여야 한다.
③ 토지가 일시적 또는 임시적인 용도로 사용될 때에는 그 용도에 따라 지목을 변경하여야 한다.
④ 물을 상시적으로 이용하지 않고 닥나무·묘목·관상수 등의 식물을 주로 재배하는 토지의 지목은 "전"으로 한다.
⑤ 물을 상시적으로 직접 이용하여 벼·연(蓮)·미나리·왕골 등의 식물을 주로 재배하는 토지의 지목은 "답"으로 한다.

정답 1. ④ 2. ③

3. 공간정보의 구축 및 관리 등에 관한 법령상 지목의 구분으로 옳은 것은? 제34회

① 온수·약수·석유류 등을 일정한 장소로 운송하는 송수관·송유관 및 저장시설의 부지는 "광천지"로 한다.

② 일반 공중의 종교의식을 위하여 예배·법요·설교·제사 등을 하기 위한 교회·사찰· 향교 등 건축물의 부지와 이에 접속된 부속시설물의 부지는 "사적지"로 한다.

③ 자연의 유수(流水)가 있거나 있을 것으로 예상되는 토지는 "구거"로 한다.

④ 제조업을 하고 있는 공장시설물의 부지와 같은 구역에 있는 의료시설 등 부속 시설물의 부지는 "공장용지"로 한다.

⑤ 일반 공중의 보건·휴양 및 정서생활에 이용하기 위한 시설을 갖춘 토지로서 「국 토의 계획 및 이용에 관한 법률」에 따라 공원 또는 녹지로 결정·고시된 토지는 "체육용지"로 한다.

정답 3 ④

8. 경계

(1) **의의**: 필지별로 경계점 간을 직선으로 연결하여 지적공부에 등록한 선(법 제2조)

(2) **종류**
- 도면상 경계: 선
- 지상경계: 둑, 담장, 구조물 및 경계점표지

(3) **경계결정의 원칙**
- 경계국정주의
- 경계직선주의
- 경계불가분의 원칙
- 축척종대의 원칙

(4) **지상경계의 결정기준(영 제55조 제1항 제2항)**
- 연접되는 토지 사이에 높낮이가 (없는) 경우에는 그 구조물 등의 (중앙)
- 연접되는 토지 사이에 높낮이가 (있는) 경우에는 그 구조물 등의 (하단부)
- 도로·구거 등의 토지에 (절토된) 부분이 있는 경우에는 그 경사면의 (상단부)
- 토지가 해면 또는 수면에 접하는 경우에는 (최대)만조위 또는 (최대)만수위가 되는 선
- 공유수면매립지의 토지 중 제방 등을 토지에 편입하여 등록하는 경우에는 (바깥쪽) 어깨부분

핵심지문

토지의 지상경계는 둑, 담장이나 그 밖에 구획의 목표가 될 만한 구조물 및 경계점표지 등으로 구분한다.

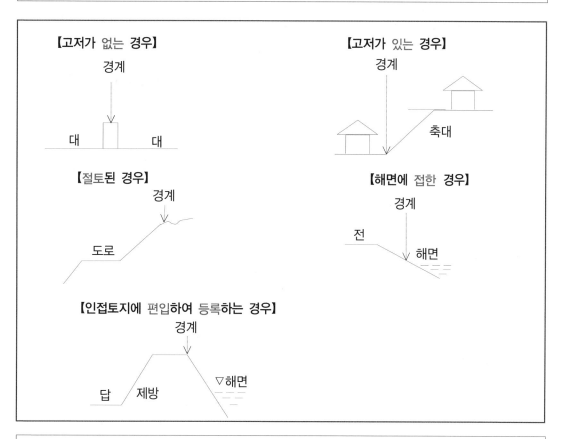

▶ 지상경계의 구획을 형성하는 구조물 등의 소유자가 다른 경우 그 소유권에 따라 지상경계를 결정한다.

(5) 분할에 따른 지상경계결정 (공·법·도·사)

분할에 따른 지상경계결정(영 제55조 제4항)	
원 칙	지상건축물을 걸리게 결정하여서는 아니된다.
예 외	① 공공사업 등으로 인하여 학교용지·도로·철도용지·제방·하천·구거·유지·수도용지(8EA) 등의 지목으로 되는 토지를 분할하는 경우 ② 법원의 확정판결이 있는 경우 ③ 국토의 계획 및 이용에 관한 법률에 의한 도시관리계획결정고시와 지형도면고시가 된 지역의 도시관리계획선에 따라 토지를 분할하고자 하는 경우 ④ 도시개발사업 등의 사업시행자가 사업지구의 경계를 결정하기 위하여 분할하고자 하는 경우

- ㉮공사업으로~
- 법원의 확정판결이 있는경우
- 도시관리계획선에 따라 토지를 분할
- 사업지구의 경계를 결정하기 위하여 분할하고자 하는 경우

(6) **지상경계점등록부**

1) 지적소관청은 토지의 이동에 따라 지상경계를 새로 정한 경우에는 지상경계점등록부를 작성·관리 하여야 한다(법 제65조 제2항).

2) 등록사항 (규칙 제60조)

1. 토지의 소재
2. 지번
3. 경계점 좌표(경계점좌표등록부 시행지역에 한정한다)
4. 경계점 위치 설명도
5. 공부상 지목과 실제 토지이용 지목
6. 경계점의 사진 파일
7. 경계점표지의 종류 및 경계점 위치

기출문제

1. 공간정보의 구축 및 관리 등에 관한 법령상 지상경계점등록부의 등록사항으로 틀린 것은? 제34회

① 지적도면의 번호
② 토지의 소재
③ 공부상 지목과 실제 토지이용 지목
④ 경계점의 사진 파일
⑤ 경계점표지의 종류 및 경계점 위치

정답 1. ①

지상경계점등록부

토지의 소재	시·도	시·군·구	읍·면	동·리	
	지번	공부상 지목	실제 토지 이용 지목	면적(㎡)	

위치도 (토지의 위치를 나타낼 수 있는 개략적 도면)	토지이용계획	
	개별공시지가	
	측 량 자	년 월 일
	검 사 자	년 월 일
	입 회 인	측량의뢰인 : 이해관계인 :

경계점 위치 설명도

경계점좌표(경계점좌표 등록부 시행지역만 해당함)

부호	좌표		부호	좌표	
	X	Y		X	Y
1	m	m		m	m
2					

경계점 위치 사진

번호	표지의 종류		번호	표지의 종류	
	위치			위치	

번호	표지의 종류		번호	표지의 종류	
	위치			위치	

⑺ 지상경계점에 경계점표지를 설치한 후 분할할 수 있는 경우(영 제55조 제3항)

> 1. 도시개발사업 등의 사업시행자가 사업지구의 경계를 결정하기 위하여 토지를 분할하려는 경우
> 2. 사업시행자와 행정기관의 장 또는 지방자치단체의 장이 토지를 취득하기 위하여 분할하려는 경우
> 3. 도시·군관리계획 결정고시와 같은 법 제32조제4항에 따른 지형도면 고시가 된 지역의 도시·군관리계획선에 따라 토지를 분할하려는 경우
> 4. 토지를 분할하려는 경우
> 5. 관계 법령에 따라 인가·허가 등을 받아 토지를 분할하려는 경우

🏠 **지번·지목·경계의 기능**

구 분	기 능
지번(부여)	① 필지를 구별하는 개별성과 특정성의 기능 ② 각종 토지관련 자료에서 식별·색인 기능
지목(설정)	① 토지의 주된 용도 표시의 기능 ② 토지의 과세기준에 참고자료로 활용 ③ 토지이용계획의 기초자료로 활용 ④ 토지의 용도별 통계자료 및 정책자료로 활용
경계(결정)	① 토지에 대한 소유권이 미치는 범위 확정 ② 면적측정의 기준 ③ 경계복원 측량의 기준 ④ 지적공부에 등록되는 필지 구획 ⑤ 토지표시사항의 **공시내용 중** 가장 큰 공시효력

🔒 경계의 확정방법 : 지적법에 의하여 어떤 토지가 지적공부에 1필의 토지로 등록되면 그 토지의 경계는 다른 특별한 사정이 없는 한 이 등록으로써 특정되고, 지적공부를 작성함에 있어 기점을 잘못 선택하는 등의 기술적인 착오로 말미암아 지적공부상의 경계가 진실한 경계선과 다르게 잘못 작성되었다는 등의 특별한 사정이 있는 경우에는 그 토지의 경계는 지적공부에 의하지 않고 실제의 경계에 의하여 확정하여야 한다(대판 2000. 5.26 98다15446).

🔒 좌표란 : 지적측량기준점 또는 경계점의 위치를 평면직각종횡선 수치로 표시한 것을 말한다. 경계점좌표등록부를 작성·비치하는 지역에서는 토지의 좌표를 정하여 경계점 좌표등록부에 등록하고, 토지의 경계결정과 지표상의 복원은 좌표에 의한다.

📖 확인문제

1. 공간정보의 구축 및 관리 등에 관한 법령상 지상경계 및 지상경계점등록부 등에 관한 설명으로 틀린 것은? 제35회

① 지적공부에 등록된 경계점을 지상에 복원하는 경우에는 지상경계점등록부를 작성·관리하여야 한다.

② 토지의 지상경계는 둑, 담장이나 그 밖에 구획의 목표가 될 만한 구조물 및 경계점표지 등으로 구분한다.

③ 지상경계의 구획을 형성하는 구조물 등의 소유자가 다른 경우에는 그 소유권에 따라 지상경계를 결정한다.

④ 경계점 좌표는 경계점좌표등록부 시행지역의 지상경계점등록부의 등록사항이다.

⑤ 토지의 소재, 지번, 공부상 지목과 실제 토지이용 지목, 경계점의 사진 파일은 지상경계점등록부의 등록사항이다.

정답 1. ①

9. 면적

(1) **의의**: 필지의 수평면상 넓이(지적공부상 등록된 면적 ≠ 실제면적)

(2) **단위**: m²

(3) **면적측정방법**

도해지적: 전자면적 측정기

좌표지적: 좌표

(4) **면적측정의 대상**

① 지적공부의 복구
② 신규등록
③ 등록전환
④ 분할
⑤ 축척변경
⑥ 면적 또는 경계정정
⑦ 도시개발사업 등으로 인한 토지의 표시를 새로이 결정하는 경우
⑧ 경계복원측량 및 지적현황측량에 의하여 면적측정이 수반되는 경우

⌂ 면적측정을 하지 않는 경우

① 합병   ② 지목변경
③ 지번변경   ④ 소유자 정정
⑤ 면적의 증감 없는 토지의 위치정정   ⑥ 경계복원측량
⑦ 지적현황측량

(5) 면적의 결정 및 측량계산의 끝수처리

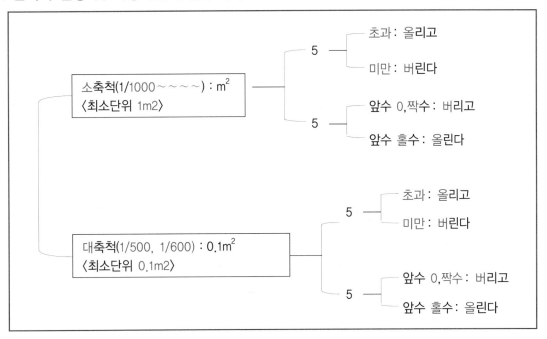

핵심지문

1. 지적도의 축척이 600분의 1인 지역의 토지 면적은 제곱미터 이하 한 자리 단위로 한다.
2. 지적도의 축척이 1,200분의 1인 지역의 1필지 면적이 1제곱미터 미만일 때에는 1제곱미터로 한다.
3. 임야도의 축척이 6,000분의 1인 지역의 1필지 면적이 1제곱미터 미만일 때에는 1제곱미터로 한다.
4. 경계점좌표등록부에 등록하는 지역의 1필지 면적이 0.1제곱미터 미만일 때에는 0.1제곱미터로 한다.
5. 경계점좌표등록부에 등록하는 지역에서 1필지의 면적측정을 위해 계산한 값이 1,029.551m²인 경우 토지대장에 등록할 면적은 1,029.6m²이다.

📖 기출문제

1. 공간정보의 구축 및 관리 등에 관한 법령상 지적도의 축척이 600분의 1인 지역에서 신규등록할 1필지의 면적을 측정한 값이 145.450m²인 경우 토지대장에 등록하는 면적의 결정으로 옳은 것은? 제34회

① 145m²　　　　　② 145.4m²　　　　　③ 145.45m²

④ 145.5m²　　　　　⑤ 146m²

정답 1. ②

📖 넓혀보기

1. 토지에 지번을 부여함에 의해 토지가 특정되고 개별성을 갖는다. 또한 토지의 위치를 정확하게 할 수 있다.

2. 지적공부를 반출하거나, 지번을 변경하고자 하는 경우, 축척을 변경하고자 하는 경우에는 시·도지사 또는 대도시시장의 승인을 받아야 한다.

3. 전, 답과 유지를 구별하는 포인트는 재배이면 전, 답이고 자생이면 유지이다.

4. 콩나물 재배를 목적으로 농지전용허가를 받아 설치한 시설물의 부지는 잡종지이다.

5. 경계 결정의 원칙은 경계국정주의, 경계직선주의, 경계불가분의 원칙, 축척종대의 원칙이다.

6. 지적소관청은 토지의 이동에 따라 지상경계를 새로 정한 경우에는 지상경계점등록부를 작성 관리하여야 한다.

7. 다음 각 호의 어느 하나에 해당하는 경우에는 지상 경계점에 법 제65조 제1항에 따른 경계점표지를 설치하여 측량할 수 있다.〈개정 2012. 4. 10., 2014. 1. 17.〉

　① 도시개발사업 등의 사업시행자가 사업지구의 경계를 결정하기 위하여 토지를 분할하려는 경우

　② 사업시행자와 행정기관의 장 또는 지방자치단체의 장이 토지를 취득하기 위하여 분할하려는 경우

　③ 도시·군관리계획 결정고시와 같은 법 제32조 제4항에 따른 지형도면 고시가 된 지역의 도시·군관리계획선에 따라 토지를 분할하려는 경우

　④ 소유권이전, 매매 등을 위하여 필요한 경우와 토지이용상 불합리한 지상경계를 시정하기 위하여 토지를 분할하려는 경우

　⑤ 관계 법령에 따라 인가·허가 등을 받아 토지를 분할하려는 경우

📖 CHECKPOINT

1. 국토교통부장관은 모든 토지에 대하여 필지별로 소재·지번·지목·면적·경계 또는 좌표 등을 조사·측량하여 지적공부에 등록하여야 한다.

2. 필지란 물권의 효력이 미치는 범위를 정하고 거래단위로서 개별화시키기 위하여 인위적으로 구획된 법적 등록단위를 말한다.

3. 양입지란 주된 용도의 토지의 편의를 위하여 설치된 도로·구거 등의 부지와 주된 용도의 토지에 접속되거나 둘러싸인 토지로서 다른 용도로 사용되고 있는 토지를 말한다.

4. 지번은 본번(本番)과 부번(副番)으로 구성하되, 본번과 부번 사이에 "−" 표시로 연결한다. 이 경우 "−" 표시는 "의"라고 읽는다.

5. 지적소관청은 지적공부에 등록된 지번을 변경할 필요가 있다고 인정하면 시·도지사나 대도시 시장의 승인을 받아 지번부여지역의 전부 또는 일부에 대하여 지번을 새로 부여할 수 있다.

6. 축산법 규정에 의한 가축은 소·말·사슴·칠면조 및 메추리·꿀벌·타조·꿩·비둘기·앵무새·지렁이 등을 말한다.

7. 영구적인 건축물 중에서 학교교사는 학교용지, 공장건물은 공장용지, 문화재는 사적지, 종교용지 내의 주거용 건축물은 종교용지, 실내체육관은 체육용지로 한다.

8. 지상경계의 구획을 형성하는 구조물 등의 소유자가 다른 경우에는 그 소유권에 의하여 지상경계를 결정한다.

9. 지상경계점에 경계점표지를 설치한 후 측량할 수 있는 경우
   ① 도시개발사업 등의 사업시행자가 사업지구의 경계를 결정하기 위하여 분할하고자 하는 경우
   ② 공공사업 등으로 인하여 철도용지·수도용지·학교용지·유지·도로·구거·하천·제방 등의 지목으로 되는 토지의 경우에는 그 사업시행자와 국가기관 또는 지방자치단체의 장이 토지를 취득하기 위하여 분할하고자 하는 경우
   ③ 국토의 계획 및 이용에 관한 법률의 규정에 의한 도시관리계획결정고시와 지형도면고시가 된 지역의 도시관리 계획선에 따라 토지를 분할하고자 하는 경우
   ④ 소유권 이전, 매매 등을 위하여 필요한 경우와 토지이용상 불합리한 지상경계를 시정하기 위한 경우에 분할하고자 하는 경우

10. 분할을 위하여 면적을 정함에 있어서 오차가 발생하는 경우 그 오차가 허용범위 이내인 때에는 그 오차를 분할 후의 각 필지의 면적에 안분하고, 허용범위를 초과하는 경우에는 지적공부상의 면적 또는 경계를 정정하여야한다.

03 지적공부

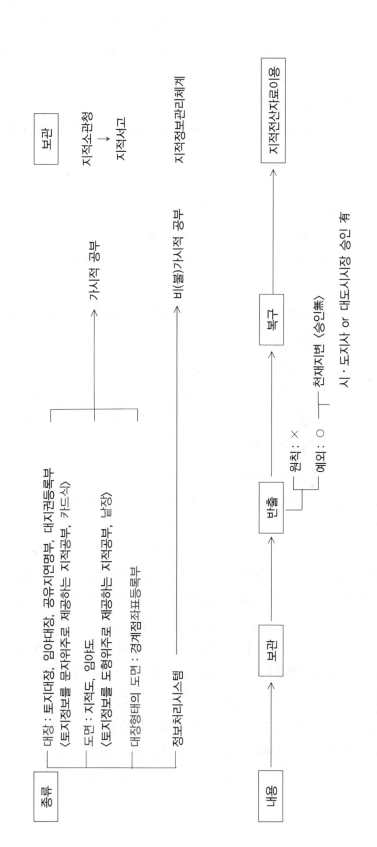

보관

지적소관청
↓
지적서고

가시적 공부

지적정보관리체계

비(물)가시적 공부

지적전산자료이용

복구

원칙 : ×
예외 : ○ ┬ 천재지변 〈승인無〉
         └ 시 · 도지사 or 대도시시장 승인 有

반출

보관

내용

종류

대장 : 토지대장, 임야대장, 공유지연명부, 대지권등록부
〈토지정보를 문자위주로 제공하는 지적공부, 카드식〉

도면 : 지적도, 임야도
〈토지정보를 도형위주로 제공하는 지적공부, 낱장〉

대장형태의 도면 : 경계점좌표등록부

정보처리시스템

1. 지적공부 등록내용

소재 지번	모든 지적공부○		㉙ 적	대 ㉝(토지.임야대장)
지 ㉯	㉤ 면		개별㉲시지가	대 ㉝(토지.임야대장)
	대 ㉝(토지.임야대장)			
㉗ 척	㉤ 면		경 계	도면
	대 ㉝(토지.임야대장)		좌 표	경계점좌표등록부

① 토지대장, 임야대장

    ㉠ 소재, 지번

    ㉡ 지목

    ㉢ 면적

    ㉣ 도면번호, 장번호, 축척

    ㉤ 토지이동사유(분할, 합병, 지목변경 등)

    ㉥ 토지소유자가 변경된 날, 원인

    ㉦ 토지등급 or 기준수확량등급과 그 설정·수정연월일

    ㉧ 개별공시지가·그 기준일

    ㉨ 소유자

    ㉩ 고유번호 : 19자리

핵심지문

부동산 중개업자 甲이 매도의뢰 대상토지에 대한 소재, 지번, 지목과 면적을 모두 매수의뢰인 乙에게 설명하고자 하는 경우 적합한 것은 토지대장 등본이다.

핵심지문

카드로 된 토지대장·임야대장·공유지연명부·대지권등록부 및 경계점좌표등록부는 100장 단위로 바인더(binder)에 넣어 보관하여야 한다.

www.pmg.co.kr

고유번호			토 지 대 장			도면번호		발급번호	
토지소재						장 번 호		처리시각	
지 번	축 척					비 고		발 급 자	

토 지 표 시				소 유 자			
지 목	면 적(㎡)	사 유		변 동 일 자	주		소
				변 동 원 인	성명 또는 명칭	등 록 번 호	
				년 월 일			
				년 월 일			
등 급 수 정 연 월 일							
토 지 등 급 (기준수확량등급)		( )	( )	( )	( )	( )	
개별공시지가 기준일				용도지역 등			
개별공시지가 (원/㎡)							

① 토지의 소재   ② 지번   ③ 고유번호   ④ 지목   ⑤ 면적
⑥ 소유권에 관한 사항   ⑦ 도면번호   ⑧ 축척   ⑨ 필지별 대장의 장번호
⑩ 토지등급(기준수확량 등급) 설정, 수정 연월일   ⑪ 개별공시지가와 기준일
⑫ 토지이동사유

※ 토지의 고유번호 : 19자리 숫자로 구성
★ 토지의 고유번호로 소유자, 지목은 확인할 수 없다!

행정구역표시　　　　지적공부　본번　　　　　부번
1159010100　-　10083　-　0010
11번째 자리가　1 : 토지대장
　　　　　　　2 : 임야대장
　　　　　　　3 : 경계점좌표등록부

② 공유지연명부
　　㉠ 토지의 소재
　　㉡ 지번
　　㉢ 소유권지분(공유지분)
　　㉣ 소유자의 성명 또는 명칭, 주소 및 주민등록번호(또는 부동산 등기용 등록번호)
　　㉤ 토지의 고유번호
　　㉥ 필지별 공유지연명부의 장 번호
　　㉦ 토지소유자가 변경된 날과 그 원인

고유번호			**공유지연명부**		장 번 호	
토지 소재			지 번		비 고	
순번	변동일자	소유권 지분	소 유 자			
	변동원인		주 소		등록번호	
					성명 또는 명칭	
	년 월 일					
	년 월 일					
	년 월 일					
	년 월 일					
	년 월 일					
	년 월 일					
	년 월 일					
	년 월 일					

---

① 토지의 소재　② 지번　③ 고유번호　④ 소유권에 관한 사항
⑤ 소유권 지분　⑥ 필지별 공유지연명부의 장번호
⑦ 토지소유자가 변경된 날과 그 원인

🔒 토지(임야)대장과는 달리 지목이나 면적은 등록하지 않는다.

www.pmg.co.kr

③ 대지권등록부
  ㉠ 토지의 소재
  ㉡ 지번
  ㉢ 대지권의 비율
  ㉣ 소유자의 성명 또는 명칭·주소 및 주민등록번호(또는 부동산 등기용 등록번호)
  ㉤ 토지의 고유번호
  ㉥ 전유부분의 건물의 표시
  ㉦ 건물명칭
  ㉧ 집합건물별 대지권등록부의 장 번호
  ㉨ 토지소유자가 변경된 날과 그 원인
  ㉩ 소유권 지분

고유번호		대지권등록부			전유부분 건물표시		장 번호	
토지소재		지번		대지권 비율		건물명칭		
지 번								
대 지 권 비 율								
변동일자	소유권 지분		소 유 자					
변동원인		주 소					등 록 번 호	
							성명 또는 명칭	
년 월 일								
년 월 일								
년 월 일								
년 월 일								

① 토지의 소재   ② 지번
③ 고유번호   ④ 건물의 명칭
⑤ 전유부분의 건물의 표시   ⑥ 대지권의 비율
⑦ 소유권 지분   ⑧ 대지권등록부의 장번호
⑨ 소유자가 변경된 날과 그 원인   ⑩ 소유권에 관한 사항

1. 공간정보의 구축 및 관리 등에 관한 법령상 대지권등록부와 경계점좌표등록부의 공통 등록사항을 모두 고른 것은? 제34회

> ㄱ. 지번　　　　　　　　　　　ㄴ. 소유자의 성명 또는 명칭
> ㄷ. 토지의 소재　　　　　　　　ㄹ. 토지의 고유번호
> ㅁ. 지적도면의 번호

① ㄱ, ㄷ, ㄹ　　　　② ㄷ, ㄹ, ㅁ　　　　③ ㄱ, ㄴ, ㄷ, ㄹ
④ ㄱ, ㄴ, ㄷ, ㅁ　　　⑤ ㄱ, ㄴ, ㄹ, ㅁ

정답 1. ①

④ 도면(지적도, 임야도)

ㄱ 토지의 소재 : 동·리까지 행정구역을 기재한다.

ㄴ 지번 : 아라비아숫자로 본번 또는 부번으로 구성된 지번을 등록하여야 하며 임야도 등록지의 토지는 지번 앞에 '산'자를 기재하여야 한다.

ㄷ 지목 : 각 필지 단위로 당해 지목에 대한 지목표기의 부호를 한글로 기재하되 지번오른쪽 옆에 부호로 표시한다.

ㄹ 경계 : 직선으로 표시하되, 0.1밀리미터의 폭으로 제도한다.

ㅁ 도면의 색인도 : 인접도면의 연결순서를 표시하기 위하여 기재한 도표와 번호를 말한다.

ㅂ 도면의 제명 및 축척
　지적도의 축척 : 1/500, 1/600, 1/1000, 1/1200, 1/2400, 1/3000, 1/6000
　임야도의 축척 : 1/3000, 1/6000

1. 공간정보의 구축 및 관리 등에 관한 법령상 지적도와 임야도의 축척 중에서 공통된 것으로 옳은 것은? 제35회

① 1/1200, 1/2400　　　② 1/1200, 1/3000　　　③ 1/2400, 1/3000
④ 1/2400, 1/6000　　　⑤ 1/3000, 1/6000

정답 1. ⑤

ⓐ 도곽선과 그 수치 ┌ 도곽선 : 도면의 윗 방향은 항상 북쪽이 되어야하며, 지적
도의 도곽[둘레]은 가로 40cm, 세로 30cm의 직사각형으
로 하도록 정하고 있다. 다만 임야도는 규정은 없고 기존
의 임야도 도곽이 가로 50cm, 세로 40cm이므로 이에 따른다.

└ 도곽선 수치 : 원점과의 거리를 표시하는 도곽선 수치
는 도면별 도곽의 왼쪽 아래부분과 오른쪽 윗부분의 종
횡선 교차점 바깥쪽에 아라비아숫자로 기재한다.

◎ 좌표에 의하여 계산된 경계점 간의 거리(경계점좌표등록부를 비치하는 지역
에 한함 : cm단위까지 등록)

ⓩ 삼각점 및 지적측량기준점의 위치

핵심지문

지적도면에는 지적소관청의 직인을 날인하여야 한다. 다만 정보처리시스템을 이
용하여 관리하는 지적도면의 경우에는 그러하지 아니하다.

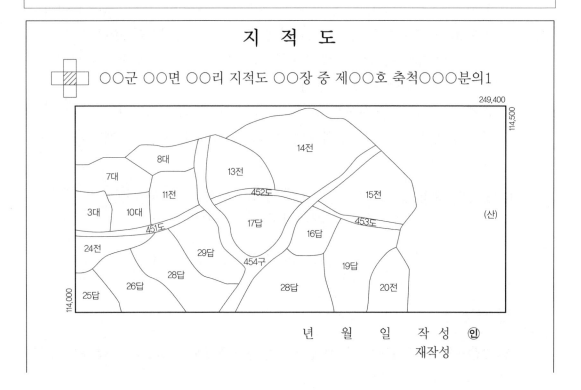

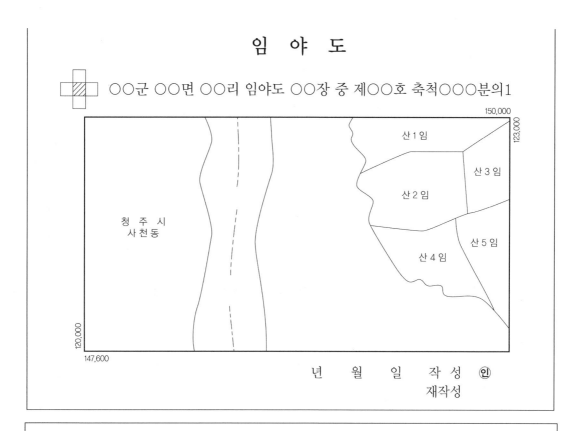

임 야 도

○○군 ○○면 ○○리 임야도 ○○장 중 제○○호 축척○○○분의1

청 주 시
사 천 동

산 1 임

산 3 임

산 2 임

산 5 임

산 4 임

150,000

123,000

120,000

147,600

년 월 일 작 성 ㉰
재작성

---

① 토지의 소재
② 지번
③ 지목
④ 경계
⑤ 도면의 색인도
⑥ 도면의 제명 및 축척
⑦ 도곽선과 그 수치
⑧ 삼각점 및 지적측량기준점의 위치
⑨ 건축물 및 구조물 등의 위치
⑩ 경계점 간의 거리(경계점좌표등록부 비치지역)

⑤ 경계점좌표등록부

  ㉠ 토지의 소재
  ㉡ 지번
  ㉢ 좌표 : 경계점의 평면직각종횡선수치(X, Y)를 기재한다.
  ㉣ 토지의 고유번호
  ㉤ 도면번호
  ㉥ 필지별 경계점좌표등록부의 장 번호
  ㉦ 부호 및 부호도

토지소재		경계점좌표등록부		발급번호			
지 번				처리시각			
출력축척				발 급 자			
	부 호	좌 표		부 호	좌 표		
		X	Y		X	Y	
		m	m		m	m	
		m	m		m	m	

① 토지의 소재   ② 지번   ③ 고유번호   ④ 좌표
⑤ 부호 및 부호도   ⑥ 도면번호   ⑦ 경계점좌표등록부의 장번호

🔒 **경계점좌표등록부 작성지역**(축척: 1/500 작성)

• 도시개발사업 등에 의하여 지적확정측량을 실시하는 지역
• 축척변경측량 등을 경위의측량방법으로 실시하는 지역
• 농지의 구획정리시행지역의 측량결과도 축척은 1/1,000로 작성하되, 필요한 경우 시 · 도지사의 승인을 얻어 1/6,000까지 작성할 수 있다.

🏠 **경계점좌표등록부 비치지역 지적도 특징**

1. 도면의 제명 끝에 '좌표'라고 기재
2. 경계점간의 거리를 계산하여 등록
3. 도곽선 오른쪽 아래에 '이 도면으로 측량할 수 없음'이라고 기재
4. 토지대장, 지적도 함께 비치

▶ 공간정보의 구축 및 관리 등에 관한 법령상 경계점좌표등록부를 갖춰 두는 지역의 지적공부 및 토지등록에 관한 설명이다.

① 경계점좌표등록부를 갖춰 두는 지역의 지적도에는 해당 도면의 제명 끝에 "(좌표)"라고 표시하여야 한다(규칙 제69조 제3항).

② 지적도에는 도곽선의 오른쪽 아래 끝에 "이 도면에 의하여 측량을 할 수 없음"이라고 적어야 한다.

③ 토지 면적은 제곱미터 이하 한자리 단위로 결정하여야 한다.

④ 면적측정 방법은 좌표면적계산법에 의한다.

⑤ 경계점좌표등록부를 갖춰 두는 토지는 지적확정측량 또는 축척변경을 위한 측량을 실시하여 경계점을 좌표로 등록한 지역의 토지로 한다.

핵심지문

1. 지적소관청은 부동산종합공부에 「공간정보의 구축 및 관리 등에 관한 법률」에 따른 지적공부의 내용에서 토지의 표시와 소유자에 관한 사항을 등록하여야 한다.

2. 부동산종합공부를 열람하거나 부동산종합공부 기록사항에 관한 증명서를 발급받으려는 자는 지적공부·부동산종합공부 열람·발급 신청서(전자문서로 된 신청서를 포함한다)를 지적소관청 또는 읍·면·동장에게 제출하여야 한다.

3. 지적소관청은 부동산종합공부에 「토지이용규제 기본법」 제10조에 따른 토지이용계획확인서의 내용에서 토지의 이용 및 규제에 관한 사항을 등록하여야 한다.

4. 지적소관청은 부동산종합공부에 「건축법」 제38조에 따른 건축물대장의 내용에서 건축물의 표시와 소유자에 관한 사항(토지에 건축물이 있는 경우만 해당한다)을 등록하여야 한다.

5. 지적소관청은 부동산의 효율적 이용과 부동산과 관련된 정부의 종합적 관리·운영을 위하여 부동산종합공부를 관리·운영한다.

6. 지적소관청은 부동산종합공부를 영구히 보존하여야 하며, 멸실 또는 훼손에 대비하여 이를 별도로 복제하여 관리하는 정보관리체계를 구축하여야 한다.

7. 지적소관청은 부동산종합공부의 정확한 등록 및 관리를 위하여 필요한 경우에는 부동산종합공부의 등록사항을 관리하는 기관의 장에게 관련 자료의 제출을 요구할 수 있다.

핵심지문

8. 부동산종합공부의 등록사항을 관리하는 기관의 장은 지적소관청에 상시적으로 관련 정보를 제공하여야 한다.

9. 부동산종합공부를 열람하거나 부동산종합공부 기록사항의 전부 또는 일부에 관한 증명서를 발급받으려는 자는 지적소관청이나 읍·면·동의 장에게 신청할 수 있다.

10. 지적소관청은 부동산종합공부의 등록사항정정을 위하여 등록사항 상호 간에 일치하지 아니하는 사항을 확인 및 관리하여야 한다.

11. 토지소유자는 부동산종합공부의 등록사항에 잘못이 있음을 발견하면 지적소관청에 그 정정을 신청할 수 있다.

12. 토지의 이용 및 규제에 관한 사항(「토지이용규제 기본법」 제10조에 따른 토지이용계획확인서의 내용)은 부동산종합공부의 등록사항이다.

13. 지적소관청은 부동산종합공부의 등록사항 중 등록사항 상호 간에 일치하지 아니하는 사항에 대해서는 등록사항을 관리하는 기관의 장에게 그 내용을 통지하여 등록사항정정을 요청할 수 있다.

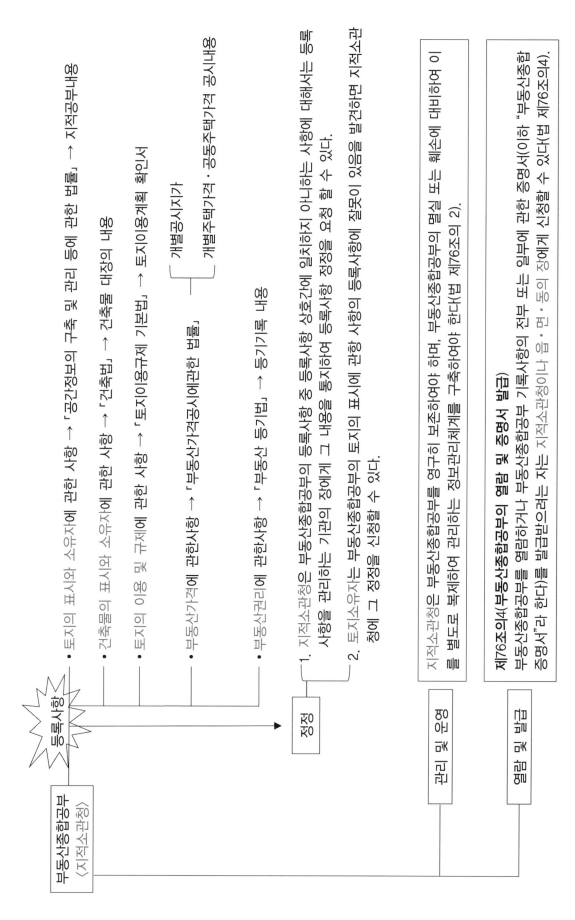

부동산종합공부
〈지적소관청〉

등록사항

- 토지의 표시와 소유자에 관한 사항 → 「공간정보의 구축 및 관리 등에 관한 법률」 → 지적공부내용
- 건축물의 표시와 소유자에 관한 사항 → 「건축법」 → 건축물 대장의 내용
- 토지의 이용 및 규제에 관한 사항 → 「토지이용규제 기본법」 → 토지이용계획 확인서
- 부동산가격에 관한사항 → 「부동산가격공시에관한법률」 → 개별공시지가 / 개별주택가격·공동주택가격 공시내용
- 부동산권리에 관한사항 → 「부동산 등기법」 → 등기기록 내용

정정
1. 지적소관청은 부동산종합공부의 등록사항 중 등록사항 상호간에 일치하지 아니하는 사항에 대해서는 등록 사항을 관리하는 기관의 장에게 그 내용을 통지하여 등록사항 정정을 요청할 수 있다.
2. 토지소유자는 부동산종합공부의 토지의 표시에 관한 사항의 등록사항에 잘못이 있음을 발견하면 지적소관 청에 그 정정을 신청할 수 있다.

관리 및 운영
지적소관청은 부동산종합공부를 영구히 보존하여야 하며, 부동산종합공부의 멸실 또는 훼손에 대비하여 이를 별도로 복제하여 관리하는 정보관리체계를 구축하여야 한다(법 제76조의 2).

열람 및 발급
제76조의4(부동산종합공부의 열람 및 증명서 발급)
부동산종합공부를 열람하거나 부동산종합공부 기록사항의 전부 또는 일부에 관한 증명서(이하 "부동산종합 증명서"라 한다)를 발급받으려는 자는 지적소관청이나 읍·면·동의 장에게 신청할 수 있다(법 제76조의4).

부동산종합증명서(토지, 건축물)

고유번호						건축물 명칭		장번호
소재지						건축물 동명칭		대장유형

토지 표시 (관련 필지가 다수일 경우를 별도 발급)

구분	법정동	지번	지목	면적(㎡)	개별공시지가 (원/㎡)		건축물 표시 (* 표시 항목이 총괄일 경우 합계를 표시)	
					기준일자	공시지가		
							* 대지면적(㎡)	* 주용도
							* 건축면적(㎡)	주구조
							* 연면적(㎡)	지붕
							* 건폐율(%)	높이
							* 용적률(%)	층수(지상/지하)
							* 건물수	부속건물(동/㎡)
							* 허가일자	* 가구/세대/호
							* 착공일자	* 주차 대수
							* 사용승인일자	* 승강기

토지, 건축물 소유자 현황(집합건물일 경우 건축물 소유자는 기재하지 않음, 토지는 건축물의 대표지번을 기준으로 작성됨)

구분	변동일자	변동원인	성명 또는 명칭	등록번호	주소
토지	등기원인일자	등기원인	대표자(관리자) 성명	대표자(관리자) 주민등록번호	대표자(관리자) 주소
건축물	변동일자	변동원인	성명 또는 명칭	등록번호	주소

등기 특정 권리사항 (등기기록의 권리정보 중 일부 특정권리의 유무만 기재한 것임. 기준시점 : 0000년/00월/00일 00시:00분)

구분	소유권	용익권 (지상권, 지역권, 전세권, 임차권)	담보권 (저당권, 근저당권, 질권, 근질권)	기타(압류, 가압류, 가처분, 경매개시결정, 강제관리, 가등기, 환매특약)
유/무(토지)				
유/무(건축물)				

토지이용계획	「국토의 계획 및 이용에 관한 법률」에 따른 지역·지구 등	다른 법령 등에 따른 지역·지구 등	「토지이용규제 기본법 시행령」제9조제4항 각 호에 해당되는 사항

이 부동산종합증명서는 부동산종합공부의 기록사항과 틀림없음을 증명합니다.

년 월 일

특별자치시장
시장·군수·구청장
경제자유구역청장

[직인]

📖 **기출문제**

1. 공간정보의 구축 및 관리 등에 관한 법령상 부동산종합공부의 등록사항에 해당하지 않는 것은? 제33회
① 토지의 이용 및 규제에 관한 사항 : 「토지이용규제 기본법」 제10조에 따른 토지이용계획확인서의 내용
② 건축물의 표시와 소유자에 관한 사항(토지에 건축물이 있는 경우만 해당한다) : 「건축법」 제38조에 따른 건축물대장의 내용
③ 토지의 표시와 소유자에 관한 사항 : 「공간정보의 구축 및 관리 등에 관한 법률」에 따른 지적공부의 내용
④ 부동산의 가격에 관한 사항 : 「부동산 가격공시에 관한 법률」 제10조에 따른 개별공시지가, 같은 법 제16조, 제17조 및 제18조에 따른 개별주택가격 및 공동주택가격 공시내용
⑤ 부동산의 효율적 이용과 토지의 적성에 관한 종합적 관리 · 운영을 위하여 필요한 사항 : 「국토의 계획 및 이용에 관한 법률」 제20조 및 제27조에 따른 토지적성평가서의 내용

2. 공간정보의 구축 및 관리 등에 관한 법령상 지적공부와 등록사항의 연결이 옳은 것은? 제35회
① 토지대장 - 지목, 면적, 경계
② 경계점좌표등록부 - 지번, 토지의 고유번호, 지적도면의 번호
③ 공유지연명부 - 지번, 지목, 소유권 지분
④ 대지권등록부 - 좌표, 건물의 명칭, 대지권 비율
⑤ 지적도 - 삼각점 및 지적기준점의 위치, 도곽선(圖廓線)과 그 수치, 부호 및 부호도

정답 1. ① 2. ②

2. 지적정보 전담 관리기구

• 국토교통부장관은 지적공부의 효율적인 관리 및 활용을 위하여 지적정보 전담 관리기구를 설치 · 운영한다.(법 제70조 1항)
• 국토교통부장관은 지적공부를 과세나 부동산정책자료 등으로 활용하기 위하여 ① 주민등록전산자료, ② 가족관계등록전산자료, ③ 부동산등기전산자료 또는 ④ 공시지가전산자료 등을 관리하는 기관에 그 자료를 요청할 수 있으며 요청을 받은 관리기관의 장은 특별한 사정이 없으면 그 요청을 따라야 한다.(법 제70조 2항)

3. 일람도 · 지번색인표

> • 도면 관리상 필요한 때 작성 · 비치 가능(임의적)
> • 지적공부 ×
> 1. 일람도 : 주요 지형지물 등의 개황을 표시 당해 도면 축척 1/10로 작성
> 2. 지번색인표 : 도면번호별로 도면에 등록된 지번을 제도한 것

4. 지적서고

(1) 지적서고 관리

지적서고는 다음 각 호의 기준에 따라 관리하여야 한다.

1) 지적서고는 제한구역으로 지정하고, 출입자를 지적사무담당공무원으로 한정할 것.

2) 지적서고에는 인화물질의 반입을 금지하며, 지적공부, 지적 관계 서류 및 지적측량 장비만 보관할 것

3) 지적공부 보관상자는 벽으로부터 15센티미터 이상 띄워야 하며, 높이 10센티미터 이상의 깔판 위에 올려놓아야 한다.

(2) 지적서고 설치기준

1) 지적서고는 지적사무를 처리하는 사무실과 연접(連接)하여 설치하여야 한다.

2) 지적서고의 구조는 다음 각 호의 기준에 따라야 한다.
   ① 골조는 철근콘크리트 이상의 강질로 할 것
   ② 지적서고의 면적은 별표 7의 기준면적에 따를 것
   ③ 바닥과 벽은 2중으로 하고 영구적인 방수설비를 할 것
   ④ 창문과 출입문은 2중으로 하되, 바깥쪽 문은 반드시 철제로 하고 안쪽 문은 곤충 · 쥐 등의 침입을 막을 수 있도록 철망 등을 설치할 것
   ⑤ 온도 및 습도 자동조절장치를 설치하고, 연중 평균온도는 섭씨 20±5도를, 연중 평균습도는 65 ± 5퍼센트를 유지할 것
   ⑥ 전기시설을 설치하는 때에는 단독퓨즈를 설치하고 소화장비를 갖춰 둘 것
   ⑦ 열과 습도의 영향을 받지 아니하도록 내부공간을 넓게 하고 천장을 높게 설치할 것

핵심지문

> 1. 지적소관청은 해당 청사에 지적서고를 설치하고 그 곳에 지적공부를 영구히 보존하여야 한다.
> 2. 지적서고는 지적사무를 처리하는 사무실과 연접(連接)하여 설치하여야 한다.
> 3. 지적공부를 정보처리시스템을 통하여 기록 · 저장한 경우 관할 시 · 도지사, 시장 · 군수 또는 구청장은 그 지적공부를 지적정보관리체계에 영구히 보존하여야 한다.
> 4. 정보처리시스템을 통하여 기록 · 저장된 지적공부(지적도 및 임야도는 제외한다)를 열람하거나 그 등본을 발급받으려는 경우에는 특별자치시장, 시장 · 군수 또는 구청장이나 읍 · 면 · 동의 장에게 신청할 수 있다.

5. 복구

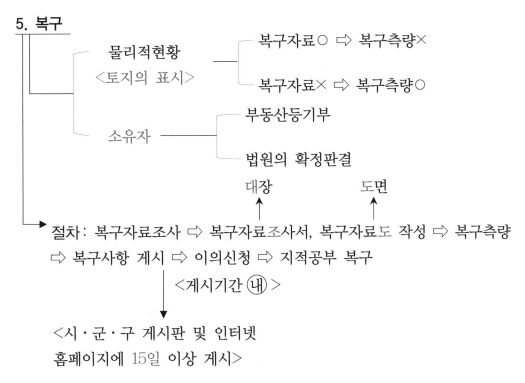

절차 : 복구자료조사 ⇨ 복구자료조사서, 복구자료도 작성 ⇨ 복구측량 ⇨ 복구사항 게시 ⇨ 이의신청 ⇨ 지적공부 복구

<게시기간 ㉯>

<시·군·구 게시판 및 인터넷 홈페이지에 15일 이상 게시>

🏠 복구자료

토지의 표시사항	소유자에 관한 사항
① 지적공부등본 ② 측량결과도 ③ 토지이동정리결의서 ④ 부동산등기부등본 등 등기사실을 증명하는 서류 ⑤ 지적소관청이 작성하거나 발행한 지적공부의 등록 내용을 증명하는 서류 ⑥ 전산정보처리조직에 의하여 복제된 지적공부 ⑦ 법원의 확정판결서 정본 또는 사본	① 부동산등기부 ② 법원의 확정판결

📖 기출문제

1. 공간정보의 구축 및 관리 등에 관한 법령상 지적공부의 복구에 관한 관계 자료가 아닌 것은? 제33회

① 지적측량 의뢰서

② 지적공부의 등본

③ 토지이동정리 결의서

④ 법원의 확정판결서 정본 또는 사본

⑤ 지적소관청이 작성하거나 발행한 지적공부의 등록내용을 증명하는 서류

2. 공간정보의 구축 및 관리 등에 관한 법령상 지적공부의 복구에 관한 관계 자료에 해당하는 것을 모두 고른 것은? 제35회

> ㉠ 측량 결과도
> ㉡ 법원의 확정판결서 정본 또는 사본
> ㉢ 토지(건물)등기사항증명서 등 등기사실을 증명하는 서류
> ㉣ 지적소관청이 작성하거나 발행한 지적공부의 등록내용을 증명하는 서류

① ㉠, ㉡   ② ㉡, ㉢   ③ ㉢, ㉣

④ ㉡, ㉢, ㉣   ⑤ ㉠, ㉡, ㉢, ㉣

정답 1. ① 2. ⑤

6. 지적전산자료이용

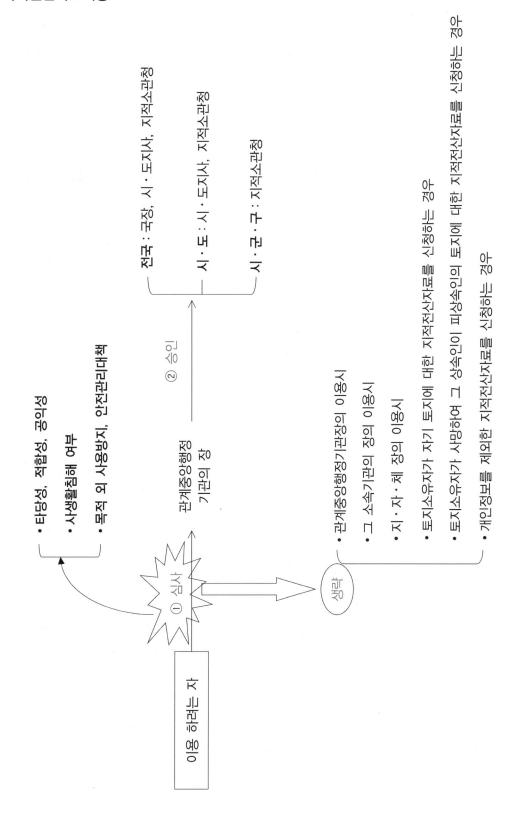

핵심지문

토지소유자가 자기 토지에 대한 지적전산자료를 신청하거나, 토지소유자가 사망하여 그 상속인이 피상속인의 토지에 대한 지적전산자료를 신청하는 경우에는 관계중앙행정기관의 심사를 받지 아니할 수 있다.

📖 기출문제

1. 공간정보의 구축 및 관리 등에 관한 법령상 지적전산자료의 이용 또는 활용에 관한 승인신청을 받은 국토교통부장관, 시·도지사 또는 지적소관청이 심사하여야 하는 사항이 아닌 것은? 제33회

① 개인의 사생활 침해 여부
② 지적전산코드 지정의 적정 여부
③ 자료의 목적 외 사용 방지 및 안전관리대책
④ 신청한 사항의 처리가 전산정보처리조직으로 가능한지 여부
⑤ 신청한 사항의 처리가 지적업무수행에 지장을 주지 않는지 여부

정답 1. ②

📖 넓혀보기

제73조(경계점좌표등록부의 등록사항) 지적소관청은 제86조에 따른 도시개발사업 등에 따라 새로이 지적공부에 등록하는 토지에 대하여는 다음 각 호의 사항을 등록한 경계점좌표등록부를 작성하고 갖춰 두어야 한다.
1. 토지의 소재
2. 지번
3. 좌표
4. 그 밖에 국토교통부령으로 정하는 사항

제71조(경계점좌표등록부의 등록사항 등) ② 경계점좌표등록부를 갖춰 두는 토지는 지적확정측량 또는 축척변경을 위한 측량을 실시하여 경계점을 좌표로 등록한 지역의 토지로 한다.
③ 1. 토지의 고유번호 2. 지적도면의 번호
   3. 필지별 경계점좌표등록부의 장번호 4. 부호 및 부호도

제76조의2(부동산종합공부의 관리 및 운영) ① 지적소관청은 부동산의 효율적 이용과 부동산과 관련된 정보의 종합적 관리·운영을 위하여 부동산종합공부를 관리·운영한다.

② 지적소관청은 부동산종합공부를 영구히 보존하여야 하며, 부동산종합공부의 멸실 또는 훼손에 대비하여 이를 별도로 복제하여 관리하는 정보관리체계를 구축하여야 한다.

③ 제76조의3 각 호의 등록사항을 관리하는 기관의 장은 지적소관청에 상시적으로 관련 정보를 제공하여야 한다.

④ 지적소관청은 부동산종합공부의 정확한 등록 및 관리를 위하여 필요한 경우에는 제76조의3 각 호의 등록사항을 관리하는 기관의 장에게 관련 자료의 제출을 요구할 수 있다. 이 경우 자료의 제출을 요구받은 기관의 장은 특별한 사유가 없으면 자료를 제공하여야 한다.

제76조의3(부동산종합공부의 등록사항 등) 지적소관청은 부동산종합공부에 다음 각 호의 사항을 등록하여야 한다.

1. 토지의 표시와 소유자에 관한 사항 : 이 법에 따른 지적공부의 내용

2. 건축물의 표시와 소유자에 관한 사항(토지에 건축물이 있는 경우만 해당한다) : 「건축법」 제38조에 따른 건축물대장의 내용

3. 토지의 이용 및 규제에 관한 사항 : 「토지이용규제 기본법」 제10조에 따른 토지이용계획확인서의 내용

4. 부동산의 가격에 관한 사항 : 「부동산 가격공시에 관한 법률」 제10조에 따른 개별공시지가, 같은 법 제16조, 제17조 및 제18조에 따른 개별주택가격 및 공동주택가격 공시내용

5. 그 밖에 부동산의 효율적 이용과 부동산과 관련된 정보의 종합적 관리·운영을 위하여 필요한 사항으로서 대통령령으로 정하는 사항

제76조의4(부동산종합공부의 열람 및 증명서 발급) ① 부동산종합공부를 열람하거나 부동산종합공부 기록사항의 전부 또는 일부에 관한 증명서(이하 "부동산종합증명서"라 한다)를 발급받으려는 자는 지적소관청이나 읍·면·동의 장에게 신청할 수 있다.

② 제1항에 따른 부동산종합공부의 열람 및 부동산종합증명서 발급의 절차 등에 관하여 필요한 사항은 국토교통부령으로 정한다.

📖 CHECKPOINT

1. 지적공부를 정보처리시스템을 통하여 기록·저장한 경우 관할 시·도지사, 시장·군수 또는 구청장은 그 지적공부를 지적정보관리체계에 영구히 보존하여야 한다.

2. 국토교통부장관은 지적공부가 멸실되거나 훼손될 경우를 대비하여 지적공부를 복제하여 관리하는 정보관리체계를 구축하여야 한다.

3. 국토교통부장관은 지적공부의 효율적인 관리 및 활용을 위하여 지적정보전담 관리기구를 설치 운영한다.

4. 토지대장이나 임야대장에 등록하는 토지가 「부동산등기법」에 따라 대지권 등기가 되어 있는 경우에는 대지권등록부를 작성한다.

5. 지적소관청은 지적공부의 전부 또는 일부가 멸실되거나 훼손된 경우에는 대통령령으로 정하는 바에 따라 지체 없이 이를 복구하여야 한다.

6. 지적소관청이 지적공부를 복구할 때에는 멸실·훼손 당시의 지적공부와 가장 부합된다고 인정되는 관계 자료에 따라 토지의 표시에 관한 사항을 복구하여야 한다. 다만, 소유자에 관한 사항은 부동산등기부나 법원의 확정판결에 따라 복구하여야 한다.

7. 국토교통부장관은 정보처리시스템에 따라 보존하여야 하는 지적공부가 멸실되거나 훼손될 경우을 대비하여 지적공부를 복제하여 관리하는 정보관리체계를 구축하여야 한다.

8. 지적소관청은 토지의 이동현황을 직권으로 조사·측량하여 토지의 지번·지목·면적·경계 또는 좌표를 결정하려는 때에는 토지이동현황 조사계획을 수립하여야 한다. 이 경우 토지이동현황 조사계획은 시·군·구별로 수립하되, 부득이한 사유가 있는 때에는 읍·면·동별로 수립할 수 있다.

9. 경계점좌표등록부를 갖춰 두는 지역의 지적도에는 해당 도면의 제명 끝에 "(좌표)"라고 표시하고, 도곽선의 오른쪽 아래 끝에 "이 도면에 의하여 측량을 할 수 없음"이라고 적어야 한다.

10. 토지대장·임야대장 또는 공유지연명부는 복구되고 지적도면이 복구되지 아니한 토지가 축척변경시행지역이나 도시개발사업 등의 시행지역에 편입된 때에는 지적도면을 복구하지 아니할 수 있다.

Chapter 04

토지의 이동신청 및 지적정리

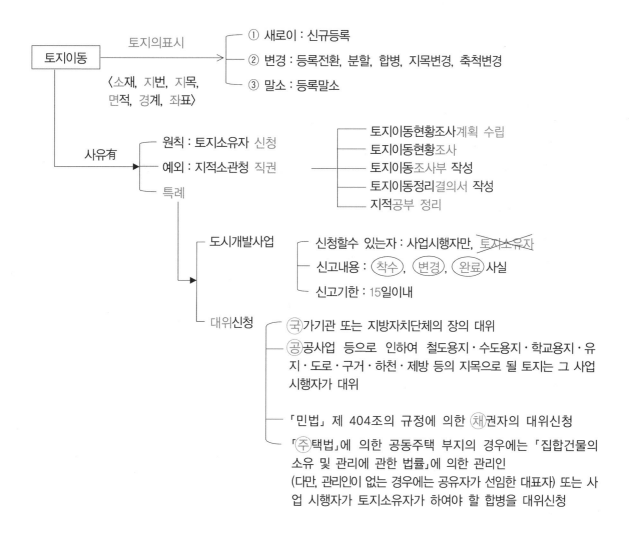

토지이동○	토지이동×
① 신규등록, 등록전환	① 토지소유자의 변경
② 분할, 합병, 지목변경	② 토지소유자의 주소변경
③ 등록 말소, 축척변경	③ 토지등급의 변경
④ 행정구역 명칭변경	④ 개별공시지가의 변경
⑤ 도시개발사업, 등록사항정정 등	

📖 기출문제

1. 공간정보의 구축 및 관리 등에 관한 법령상 도시개발사업 등의 시행자가 그 사업의 착수ㆍ변경 및 완료 사실을 지적소관청에 신고하여야 하는 사업으로 틀린 것은?

제34회

① 「공공주택 특별법」에 따른 공공주택지구 조성사업
② 「도시 및 주거환경정비법」에 따른 정비사업
③ 「택지개발촉진법」에 따른 택지개발사업
④ 「지역 개발 및 지원에 관한 법률」에 따른 지역개발사업
⑤ 「지적재조사에 관한 특별법」에 따른 지적재조사사업

정답 1. ⑤

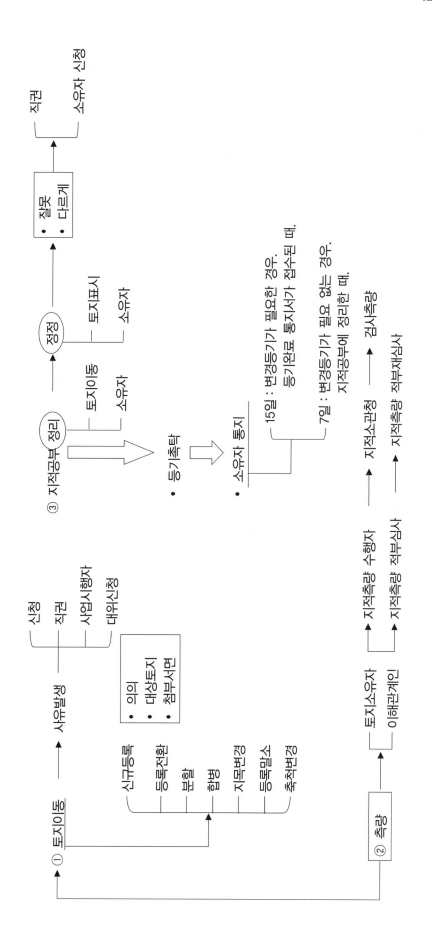

1. 신규등록

의 의	새로이 조성된 토지 및 등록이 누락된 토지를 지적공부에 등록하는 것		
대상토지	• 새로이 조성된 토지 • 등록 누락지		
신청기한	60일		
첨부서면	• 법원의 확정판결서 정본 또는 사본 • 「공유수면매립법」에 의한 준공인가필증 사본 • 도시지역 안의 토지를 그 지방자치단체의 명의로 등록하는 때에는 기획재정부장관과 협의한 문서의 사본 • 그 밖에 소유권을 증명하는 서류의 사본		
지 번	원 칙	인접토지의 본번에 부번	
	예 외	본번 ~~~~ 부여할 수 있다.	• 대상토지가 최종지번에 인접한 경우 • 대상토지가 멀리 떨어져 있어 부번을 부여하는 것이 불합리한 경우 • 대상토지가 여러 필지인 경우
등기촉탁	×		

핵심지문

1. 공유수면매립에 의거 신규등록을 신청하는 때에는 신규등록 사유를 기재한 신청서에 공유수면 관리 및 매립에 관한 법률에 의한 준공인가필증 사본을 첨부하여 지적소관청에 제출하여야 한다.
2. 신규등록 신청시 첨부해야 하는 서류를 그 지적소관청이 관리하는 경우에는 지적소관청의 확인으로써 그 서류의 제출에 갈음할 수 있다.
3. 신규등록을 한 경우에 등기기록이 존재하지 않으므로 등기촉탁을 하지 않는다.

📖 확인문제

1. 공간정보의 구축 및 관리 등에 관한 법령상 지적소관청은 토지의 이동 등으로 토지의 표시변경에 관한 등기를 할 필요가 있는 경우에는 지체 없이 관할 등기관서에 그 등기를 촉탁하여야 한다. 이 경우 등기촉탁의 대상이 아닌 것은? 제35회

① 지목변경   ② 지번변경   ③ 신규등록
④ 축척변경   ⑤ 합병

정답 1. ③

2. 등록전환

의 의	임야대장, 임야도 ⇨ 토지대장, 지적도에 옮겨 등록하는 것
대상토지	• 「산지관리법」에 따른 산지전용허가·신고, 산지일시사용허가·신고, 「건축법」에 따른 건축허가·신고 또는 그 밖의 관계 법령에 따른 개발행위 허가 등을 받은 경우 • 대부분의 토지가 등록전환되어 나머지 토지를 임야도에 계속 존치하는 것이 불합리한 경우 • 임야도에 등록된 토지가 사실상 형질변경되었으나 지목변경을 할 수 없는 경우 • 도시·군관리계획선에 따라 토지를 분할하는 경우
신청기한	60일
첨부서면	토지의 형질변경 등의 공사 준공됨을 증명한 서면 등록전환에 해당하는 서류를 지적소관청이 관리하는 경우, 지적소관청이 확인으로 갈음

변 경	○	면적변경, 경계변경, 축척변경, 지번변경	
		지목변경	<예외> • 대부분의 토지가 등록전환되어 나머지 토지를 임야도에 계속 존치하는 것이 불합리한 경우 • 임야도에 등록된 토지가 사실상 형질변경되었으나 지목변경을 할 수 없는 경우 • 도시관리계획선에 따라 토지를 분할하는 경우
	×	소유자, 소재	

지 번	원 칙	인접토지의 본번에 부번	
	예 외	본번 ~~~~ 부여할 수 있다.	• 대상토지가 최종지번에 인접한 경우 • 대상토지가 멀리 떨어져 있어 부번을 부여하는 것이 불합리한 경우 • 대상토지가 여러 필지인 경우

핵심지문

1. 산지관리법, 건축법 등 관계 법령에 따른 개발행위 허가 등을 받은 경우에는 지목변경과 관계없이 등록전환을 신청할 수 있다.
2. 등록전환을 하는 경우 임야대장의 면적과 등록전환될 면적의 차이가 오차허용범위 이내인 경우에는 등록전환될 면적을 등록전환 면적으로 결정하고, 오차허용범위를 초과하는 경우에는 임야대장의 면적 또는 임야도의 경계를 지적소관청이 직권으로 정정하여야 한다.

3. 분 할

의 의	지적공부에 등록된 1필지를 2필지 이상으로 나누어 등록하는 것	
대상토지	• 매매 등을 위하여 필요한 경우 • 토지이용상 불합리한 지상경계를 시정하기 위한 경우 • 1필지의 일부가 형질변경 등으로 용도가 다르게 된 경우	
신청기한	60일(1필지의 일부가 형질변경 등으로 용도가 다르게 된 경우)	
첨부서면	• 1필지의 일부가 형질변경 등으로 용도가 다르게 되어 의무적으로 분할 신청을 하는 때에는 지목변경신청서를 함께 제출 • 서류를 지적소관청이 관리하는 경우에는 지적소관청의 확인으로써 그 서류의 제출에 갈음	
지 번	원 칙	1필지의 지번을 분할 전의 지번으로, 나머지 필지의 지번은 부번
	예 외	주거, 사무실 등의 건축물이 有 ⇨ 신청 없어도 건축물有에 종전의 지번을 부여하여야 한다.

핵심지문

> 지적공부에 등록된 1필지의 일부가 관계법령에 의한 형질변경 등으로 용도가
> 다르게 된 때에는 지적소관청에 토지의 분할을 신청하여야 한다.

4. 합 병

의 의		지적공부에 등록된 2필지 이상의 토지를 합하여 1필지로 등록하는것
대상토지	원 칙	의무×(소유자가 필요한 때)
	예 외 (의무)	• 2필지 이상의 토지가 공공용지목(철도용지·수도용지·학교용지·공장용지·공원·체육용지·유지·도로·구거·하천·제방)으로 되는 경우 • 「주택법」에 의한 공동주택의 부지
신청기한		60일(의무인 경우만)
합병여부	합병○	• 1필지의 성립요건을 만족한 경우 • 용익물권 및 임차권이 설정된 토지 • 토지의 소유자별 공유지분이 동일, 소유자의 주소가 동일할 것 • 토지가 구획정리·경지정리 또는 축척변경을 시행하고 있는 지역 안의 토지와 그 지역 밖의 토지인 경우가 아닐 것 • 창설적 공동저당토지
	합병×	• 1필지의 성립요건을 만족시키지 못한 경우 • 가등기, 처분제한등기 • 저당권설정등기, 추가적 공동저당토지
지 번	원 칙	선순위(본번有 ⇨ 본번 중 선순위)
	예 외	주거, 사무실 등의 건축물有 ⇨ 토지소유자 신청有 ⇨ 건축물有에 합병의 지번으로 부여하여야 한다.

핵심지문

1. 합병에 따른 경계는 따로 지적측량을 하지 않고 합병 전 필지의 경계 중 합병으로 필요 없게 된 부분을 말소하여 합병 후 필지의 경계로 결정한다.
2. 지적소관청은 토지소유자의 합병신청에 의하여 토지의 이동이 있는 경우에는 지적공부를 정리하여야 하며, 이 경우에는 토지이동정리 결의서를 작성하여야 한다.

📖 확인문제

1. 공간정보의 구축 및 관리 등에 관한 법령상 합병 신청을 할 수 없는 경우에 관한 내용으로 틀린 것은? (단, 다른 조건은 고려하지 아니함) 제35회
① 합병하려는 토지의 지목이 서로 다른 경우
② 합병하려는 토지의 소유자별 공유지분이 다른 경우
③ 합병하려는 토지의 지번부여지역이 서로 다른 경우
④ 합병하려는 토지의 소유자에 대한 소유권이전등기 연월일이 서로 다른 경우
⑤ 합병하려는 토지의 지적도 축척이 서로 다른 경우

정답 1. ④

5. 지목변경

의 의	지적공부에 등록된 지목을 다른 지목으로 바꾸어 등록하는 것
대상토지	• 「국토의 계획 및 이용에 관한 법률」 등 관계법령에 의한 토지의 형질변경 등의 공사가 준공된 경우 • 토지 또는 건축물의 용도가 변경된 경우 • 도시개발사업 등의 원활한 사업추진을 위하여 사업시행자가 '공사 준공 전'에 토지의 합병을 신청하는 경우
신청기한	60일
첨부서면	• 관계법령에 의하여 토지의 형질변경 등의 공사가 준공되었음을 증명하는 서류의 사본 • 국·공유지의 경우에는 용도폐지 되었거나 사실상 공공용으로 사용되고 있지 아니함을 증명하는 서류의 사본 • 토지 또는 건축물의 용도가 변경되었음을 증명하는 서류의 사본
비 고	• 지목변경을 하기 위하여는 지적측량을 실시할 필요가 없음 • 지목변경신청서에 첨부된 서류에 의하여 실제 토지이용상황이 변경되었음이 명백하다고 인정될 때에는 토지의 이동조사를 생략 • 지목변경시에는 지번, 면적, 경계 및 소유권의 변경사항은 없음

핵심지문

1. 전·답·과수원 상호 간의 지목변경을 신청하는 경우에는 토지의 용도가 변경되었음을 증명하는 서류의 사본 첨부를 생략할 수 있다.
2. 도시개발법에 따른 도시개발사업의 원활한 추진을 위하여 사업시행자가 공사 준공 전에 토지의 합병을 신청하는 경우에는 지목변경을 신청할 수 있다.

6. 등록말소

의 의	지적공부에 등록된 토지가 지형의 변화 등으로 바다로 된 경우로서 원상으로 회복할 수 없거나 다른 지목의 토지로 될 가능성이 없는 때에 지적공부의 등록을 말소하는 것. (법 제82조 제①항)
대상토지	• 원상으로 회복불가인 토지 • 다른 지목의 토지로 될 가능성이 없는 토지
신청기한	90일
비 고	• 지적소관청은 토지소유자가 통지받은 날부터 90일 이내에 등록말소신청을 하지 아니하는 경우에는 지적소관청이 직권으로 말소하여야 한다. • 지적공부의 등록사항을 말소 또는 회복등록한 때에는 그 정리결과를 토지소유자 및 당해 공유수면의 관리청에 통지하여야 한다. • 지적공부의 등록사항을 말소하는 경우에 지적공부정리수수료 및 지적측량수수료를 토지소유자에게 징수할 수 없다.

핵심지문

지적소관청은 지적공부에 등록된 토지가 지형의 변화 등으로 바다로 된 경우로서 원상(原狀)으로 회복될 수 없는 경우에는 지적공부에 등록된 토지소유자에게 지적공부의 등록말소 신청을 하도록 통지하여야 한다.

7. 축척변경

1) 의의: 지적도에 등록된 경계점의 정밀도를 높이기 위하여 작은 축척을 큰 축척으로 변경하여 등록하는 것

2) 요건

실체적 요건
- 빈번한 토지의 이동으로 인하여 1필지의 규모가 작아서 소축척으로는 지적측량성과의 결정이나 토지의 이동에 따른 정리가 곤란한 때(지적도 정밀성)
- 동일한 지번부여지역 안에 서로 다른 축척의 지적도가 있는 때 (지적도 통일성)

절차적 요건
- 토지소유자의 2/3 이상의 ⓓ의
- 축척변경위원회의 ⓔ결
- 시·도지사 또는 대도시시장의 ⓢ인

📖 **기출문제**

1. 공간정보의 구축 및 관리 등에 관한 법령상 축척변경 신청에 관한 설명이다. (   )에 들어갈 내용으로 옳은 것은? 제33회

> 축척변경을 신청하는 토지소유자는 축척변경 사유를 적은 신청서에 축척변경 시행지역의 토지소유자 (   )의 동의서를 첨부하여 지적소관청에 제출하여야 한다.

① 2분의 1 이상　　　　　　　② 3분의 2 이상
③ 4분의 1 이상　　　　　　　④ 5분의 2 이상
⑤ 5분의 3 이상

정답 1. ②

3) 절차

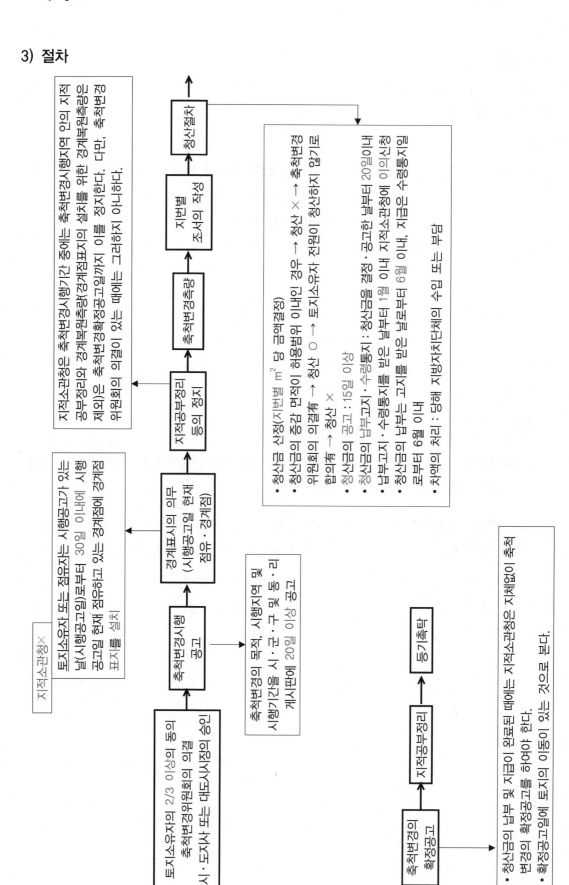

토지소유자의 2/3 이상의 동의
축척변경위원회의 의결
시·도지사 또는 대도시시장의 승인

축척변경시행 공고 → 축척변경의 목적, 시행지역 및 시행기간을 시·군·구 및 동·리 게시판에 20일 이상 공고

지적소유자×
토지소유자 또는 점유자는 시행공고가 있는 날(시행공고일)로부터 30일 이내에 시행공고일 현재 점유하고 있는 경계점에 경계점표지를 설치

경계표시의 의무
(시행공고일 현재)
점유·경계점

지적공부정리 등의 정지 → 지적소관청은 축척변경시행기간 중에는 축척변경시행지역 안의 지적공부정리와 경계복원측량(경계점표지의 설치를 위한 경계복원측량은 제외)은 축척변경확정공고일까지 이를 정지한다. 다만, 축척변경위원회의 의결이 있는 때에는 그러하지 아니하다.

축척변경측량

지번별 조서의 작성

청산절차

청산금 산정(지번별 m² 당 금액결정)
• 청산금의 증감 면적이 허용범위 이내인 경우 → 청산 × → 축척변경
  위원회의 의결이 有 → 청산 ○ → 토지소유자 전원이 청산하지 않기로
  합의有 → 청산 ×
• 청산금의 공고 : 15일 이상
• 청산금의 납부고지·수령통지 : 청산금을 결정·공고한 날부터 20일이내
• 납부고지·수령통지를 받은 날부터 1월 이내 지적소관청에 이의신청
• 청산금의 납부는 고지를 받은 날로부터 6월 이내, 지급은 수령통지일
  로부터 6월 이내
• 차액의 처리 : 당해 지방자치단체의 수입 또는 부담

축척변경의 확정공고

지적공부정리

등기촉탁

• 청산금의 납부 및 지급이 완료된 때에는 지적소관청은 지체없이 축척
  변경의 확정공고를 하여야 한다.
• 확정공고일에 토지의 이동이 있는 것으로 본다.

지적공부정리 → 확정공고일에 토지의 이동이 있는 것으로 본다.

🏠 축척변경 절차 정리

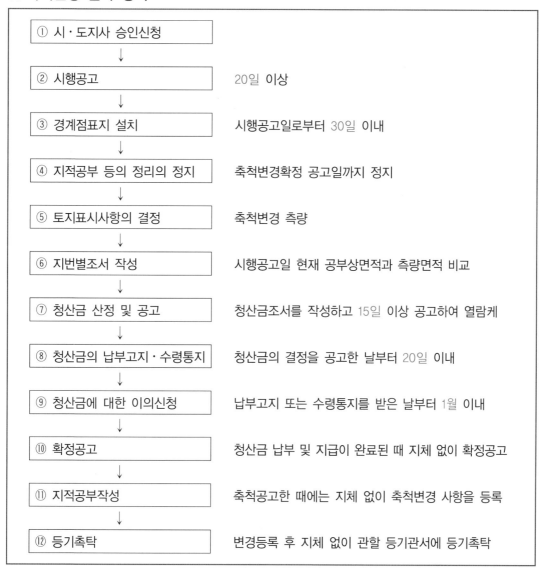

① 시·도지사 승인신청

↓

② 시행공고 — 20일 이상

↓

③ 경계점표지 설치 — 시행공고일로부터 30일 이내

↓

④ 지적공부 등의 정리의 정지 — 축척변경확정 공고일까지 정지

↓

⑤ 토지표시사항의 결정 — 축척변경 측량

↓

⑥ 지번별조서 작성 — 시행공고일 현재 공부상면적과 측량면적 비교

↓

⑦ 청산금 산정 및 공고 — 청산금조서를 작성하고 15일 이상 공고하여 열람케

↓

⑧ 청산금의 납부고지·수령통지 — 청산금의 결정을 공고한 날부터 20일 이내

↓

⑨ 청산금에 대한 이의신청 — 납부고지 또는 수령통지를 받은 날부터 1월 이내

↓

⑩ 확정공고 — 청산금 납부 및 지급이 완료된 때 지체 없이 확정공고

↓

⑪ 지적공부작성 — 축척공고한 때에는 지체 없이 축척변경 사항을 등록

↓

⑫ 등기촉탁 — 변경등록 후 지체 없이 관할 등기관서에 등기촉탁

📖 기출문제

1. 공간정보의 구축 및 관리 등에 관한 법령상 지적소관청은 축척변경 확정공고를 하였을 때에는 지체 없이 축척변경에 따라 확정된 사항을 지적공부에 등록하여야 한다. 이 경우 토지대장에 등록하는 기준으로 옳은 것은? 제34회

① 축척변경 확정측량 결과도에 따른다.
② 청산금납부고지서에 따른다.
③ 토지이동현황 조사계획서에 따른다.
④ 확정공고된 축척변경 지번별 조서에 따른다.
⑤ 축척변경 시행계획에 따른다.

정답 1. ④

1. 축척변경을 신청하는 토지소유자는 축척변경 사유를 적은 신청서에 토지소유자 3분의 2 이상의 동의서를 첨부하여 지적소관청에 제출하여야 한다.
2. 축척변경 시행지역의 토지소유자 또는 점유자는 시행공고가 된 날부터 30일 이내에 시행공고일 현재 점유하고 있는 경계에 경계점표지를 설치하여야 한다.
3. 축척변경에 따른 청산금의 납부 및 지급이 완료되었을 때에는 지적소관청은 지체 없이 축척변경의 확정공고를 하고 확정된 사항을 지적공부에 등록하여야 한다.
4. 지적소관청은 시·도지사 또는 대도시 시장으로부터 축척변경 승인을 받았을 때에는 지체 없이 축척변경의 목적, 시행지역 및 시행기간, 축척변경의 시행에 관한 세부계획, 축척변경의 시행에 따른 청산방법, 축척변경의 시행에 따른 토지소유자 등의 협조에 관한 사항을 20일 이상 공고하여야 한다.
5. 지적소관청은 청산금의 결정을 공고한 날부터 20일 이내에 토지소유자에게 청산금의 납부고지 또는 수령통지를 하여야 한다.
6. 지적소관청은 청산금의 수령통지를 한 날부터 6개월 이내에 청산금을 지급하여야 한다.
7. 지적소관청은 청산금을 지급받을 자가 행방불명 등으로 받을 수 없거나 받기를 거부할 때에는 그 청산금을 공탁할 수 있다.
8. 수령통지된 청산금에 관하여 이의가 있는 자는 수령통지를 받은 날부터 1개월 이내에 지적소관청에 이의신청을 할 수 있다.

📖 기출문제

1. 공간정보의 구축 및 관리 등에 관한 법령상 축척변경에 따른 청산금에 관한 이의신청에 대한 설명이다. ( )에 들어갈 내용으로 옳은 것은? 제33회

> • 납부고지되거나 수령통지된 청산금에 관하여 이의가 있는 자는 납부고지 또는 수령통지를 받은 날부터 (ㄱ)에 지적소관청에 이의신청을 할 수 있다.
> • 이의신청을 받은 지적소관청은 (ㄴ)에 축척변경위원회의 심의·의결을 거쳐 그 인용(認容)여부를 결정한 후 지체 없이 그 내용을 이의신청인에게 통지하여야 한다.

① ㄱ: 15일 이내,   ㄴ: 2개월 이내
② ㄱ: 1개월 이내,   ㄴ: 2개월 이내
③ ㄱ: 1개월 이내,   ㄴ: 1개월 이내
④ ㄱ: 2개월 이내,   ㄴ: 1개월 이내
⑤ ㄱ: 2개월 이내,   ㄴ: 15일 이내

2. 공간정보의 구축 및 관리 등에 관한 법령상 축척변경에 관한 설명으로 옳은 것은?
제35회

① 도시개발사업 등의 시행지역에 있는 토지로서 그 사업시행에서 제외된 토지의 축척변경을 하는 경우 축척변경위원회의 심의 및 시·도지사 또는 대도시 시장의 승인을 받아야 한다.

② 지적소관청은 시·도지사 또는 대도시 시장으로부터 축척변경 승인을 받았을 때에는 지체 없이 축척변경의 목적, 시행지역 및 시행기간, 축척변경의 시행에 관한 세부계획, 축척변경의 시행에 따른 청산금액의 내용, 축척변경의 시행에 따른 토지소유자 등의 협조에 관한 사항을 15일 이상 공고하여야 한다.

③ 지적소관청은 축척변경에 관한 측량을 한 결과 측량 전에 비하여 면적의 증감이 있는 경우에는 그 증감면적에 대하여 청산을 하여야 한다. 다만, 토지소유자 3분의 2 이상이 청산하지 아니하기로 합의하여 서면으로 제출한 경우에는 그러하지 아니하다.

④ 지적소관청은 청산금을 내야 하는 자가 납부고지를 받은 날부터 1개월 이내에 청산금에 관한 이의신청을 하지 아니하고, 고지를 받은 날부터 3개월 이내에 지적소관청에 청산금을 내지 아니하면 「지방행정제재·부과금의 징수 등에 관한 법률」에 따라 징수할 수 있다.

⑤ 청산금의 납부 및 지급이 완료되었을 때에는 지적소관청은 지체 없이 축척변경의 확정공고를 하여야 하며, 확정공고 사항에는 토지의 소재 및 지역명, 축척변경 지번별 조서, 청산금 조서, 지적도의 축척이 포함되어야 한다.

정답 1. ③ 2. ⑤

4) 각종위원회의 종류 및 심의의결사항

구 분	구 성	위원장	부위원장	위 원	위원 임기	심의 의결사항
축척변경 위원회	5인~10인 이내 (토지소유자 1/2 이상 포함)	지적소 관청이 지명	–	지적소관 청이 위촉	–	4EA
중앙 지적위원회	5인~10인 이내 (위·부위원장 포함)	국토교통부 지적업무 (당연직: 임기 없음)		국·장이 임명· 위촉	2년	4EA
		담당국장	담당과장			
지방 지적위원회	5인~10인 이내 (위·부위원장 포함)	시·도 지적업무 (당연직: 임기 없음)		시·도 지사가 임명· 위촉	2년	지적측량 적부심사
		담당국장	담당과장			
개의/의결	과반수 출석 / 찬성	과반수 출석 / 찬성		과반수 출석 / 찬성		
소 집	• 위원장이 소집 • 지적소관청 의결 사항 회부시	• 위원장이 소집 • 국·장 의결사항 회부시		• 위원장이 소집 • 시·도지사 의결사항 회부시		

🔓 위원장은 소집시 5일 전까지 각 위원에게 서면통지

🔓 **축척변경위원회 위원**

• 그 축척변경시행지역 안의 토지소유자 중에서 지역사정에 정통한 자

• 지적에 관하여 전문지식을 가진 자

   ⇨ 위원장은 위원 중에서 지적소관청이 지명

🔓 **지적위원회 위원**

• 지적에 관한 학식과 경험이 풍부한 자

📖 기출문제

1. 공간정보의 구축 및 관리 등에 관한 법령상 중앙지적위원회의 구성 및 회의 등에 관한 설명으로 옳은 것을 모두 고른 것은? 제34회

> ㄱ. 중앙지적위원회의 간사는 국토교통부의 지적업무담당 공무원 중에서 지적업무담당 국장이 임명하며, 회의 준비, 회의록 작성 및 회의 결과에 따른 업무 등 중앙지적위원회의 서무를 담당한다.
> ㄴ. 중앙지적위원회의 회의는 재적위원 과반수의 출석으로 개의(開議)하고, 출석위원 과반수의 찬성으로 의결한다.
> ㄷ. 중앙지적위원회는 관계인을 출석하게 하여 의견을 들을 수 있으며, 필요하면 현지조사를 할 수 있다.
> ㄹ. 위원장이 중앙지적위원회의 회의를 소집할 때에는 회의 일시·장소 및 심의 안건을 회의 7일 전까지 각 위원에게 서면으로 통지하여야 한다.

① ㄱ, ㄴ   ② ㄴ, ㄷ   ③ ㄱ, ㄴ, ㄷ
④ ㄱ, ㄷ, ㄹ   ⑤ ㄴ, ㄷ, ㄹ

정답 1. ②

🏠 위원회 심의·의결사항

축척변경위원회	① 축척변경시행계획에 관한 사항 ② 지번별 제곱미터당 금액의 결정과 청산금의 산정에 관한 사항 ↳ 지적소관청이 미리 조사하여 축척변경위원회에 제출 ③ 청산금의 이의신청에 관한 사항 ④ 그 밖에 축척변경과 관련하여 지적소관청이 부의한 사항
중앙지적위원회	① 토지등록업무의 개선 및 지적측량기술의 연구·개발 ② 지적기술자의 양성방안 ③ 지방지적위원회가 의결한 지적측량적부심사의 재심사 ④ 필요시 현지조사 가능 ○
지방지적위원회	① 지적측량에 대한 적부심사 청구사항 ② 필요시 현지조사 가능 ○

📖 기출문제

1. 공간정보의 구축 및 관리 등에 관한 법령상 축척변경에 관한 설명으로 틀린 것은?

제33회

① 축척변경에 관한 사항을 심의·의결하기 위하여 지적소관청에 축척변경위원회를 둔다.

② 축척변경위원회의 위원장은 위원 중에서 지적소관청이 지명한다.

③ 지적소관청은 축척변경에 관한 측량을 완료하였을 때에는 축척변경 신청일 현재의 지적공부상의 면적과 측량 후의 면적을 비교하여 그 변동사항을 표시한 토지이동 현황 조사서를 작성하여야 한다.

④ 지적소관청은 청산금의 결정을 공고한 날부터 20일 이내에 토지소유자에게 청산금의 납부고지 또는 수령통지를 하여야 한다.

⑤ 청산금의 납부 및 지급이 완료되었을 때에는 지적소관청은 지체 없이 축척변경의 확정공고를 하여야 한다.

정답 1. ③

📖 **넓혀보기**

축척변경(법 제83조) ① 축척변경에 관한 사항을 심의·의결하기 위하여 지적소관청에 축척변경위원회를 둔다.

② 지적소관청은 지적도가 다음 각 호의 어느 하나에 해당하는 경우에는 토지소유자의 신청 또는 지적소관청의 직권으로 일정한 지역을 정하여 그 지역의 축척을 변경할 수 있다.

1. 잦은 토지의 이동으로 1필지의 규모가 작아서 소축척으로는 지적측량성과의 결정이나 토지의 이동에 따른 정리를 하기가 곤란한 경우

2. 하나의 지번부여지역에 서로 다른 축척의 지적도가 있는 경우

3. 그 밖에 지적공부를 관리하기 위하여 필요하다고 인정되는 경우

③ 지적소관청은 제2항에 따라 축척변경을 하려면 축척변경 시행지역의 토지소유자 3분의 2 이상의 동의를 받아 제1항에 따른 축척변경위원회의 의결을 거친 후 시·도지사 또는 대도시 시장의 승인을 받아야 한다. 다만, 다음 각 호의 어느 하나에 해당하는 경우에는 축척변경위원회의 의결 및 시·도지사 또는 대도시 시장의 승인 없이 축척변경을 할 수 있다.

1. 합병하려는 토지가 축척이 다른 지적도에 각각 등록되어 있어 축척변경을 하는 경우

2. 제86조에 따른 도시개발사업 등의 시행지역에 있는 토지로서 그 사업 시행에서 제외된 토지의 축척변경을 하는 경우

④ 축척변경의 절차, 축척변경으로 인한 면적 증감의 처리, 축척변경 결과에 대한 이의신청 및 축척변경위원회의 구성·운영 등에 필요한 사항은 대통령령으로 정한다.

📖 CHECKPOINT

1. 신규등록 신청서류를 지적소관청이 관리하는 경우에는 지적소관청의 확인으로 그 서류의 제출을 갈음할 수 있다.

2. 신규등록의 경우에는 등기촉탁을 하지 않는다.

3. 토지소유자는 등록전환할 토지가 있으면 대통령령으로 정하는 바에 따라 그 사유가 발생한 날부터 60일 이내에 지적소관청에 등록전환을 신청하여야 한다.

4. 등록전환에서 임야대장의 면적과 등록전환될 면적의 차이가 오차허용범위 이내인 경우에는 등록전환될 면적을 등록전환면적으로 결정하고, 허용오차를 초과하는 경우에는 임야대장의 면적 또는 임야도의 경계를 지적소관청이 직권으로 정정한 후 등록전환을 하여야한다.

5. 지적소관청은 등록전환에 따른 지적공부를 정리한 경우 지체없이 관할 등기소에 그 등기를 촉탁하여야 한다.

6. 등록전환의 경우 소축척인 임야도에 등록된 토지를 대축척의 지적도에 옮겨 등록함으로써 축척의 변경을 수반하나 일반적 의미의 축척변경이라 하지 않으므로 축척변경하는 경우의 절차적요건(시·도지사 또는 대도시시장의 승인, 축척변경위원회의 의결)은 필요로 하지 않는다.

7. 지목변경을 하기 위하여는 지적측량을 실시할 필요가 없으나 지목변경 신청내용과 실제 토지이용현황의 사실부합 여부를 판단하기 위하여 토지의 이동조사를 실시하여야 한다.

8. 지목변경할 토지가 있는 경우에는 그 사유 발생일부터 60일 이내에 지적소관청에 신청하여야 한다.

9. 합병하고자 하는 토지가 축척이 다른 지적도에 각각 등록되어 있어 축척변경을 하는 경우와 도시개발사업 등의 시행지역 안에 있는 토지로서 당해 사업시행에서 제외된 토지의 축척변경을 하는 경우에는 축척변경위원회의 의결 및 시·도지사의 승인절차를 거치지 아니한다.

10. 축척변경에서 면적측정결과 축척변경 전의 면적과 변경 후의 면적의 오차가 허용면적 이내인 경우에는 축척변경전의 면적을 결정면적으로 하고 허용면적을 초과하는 경우에는 축척변경 후의 면적을 결정면적으로 한다.

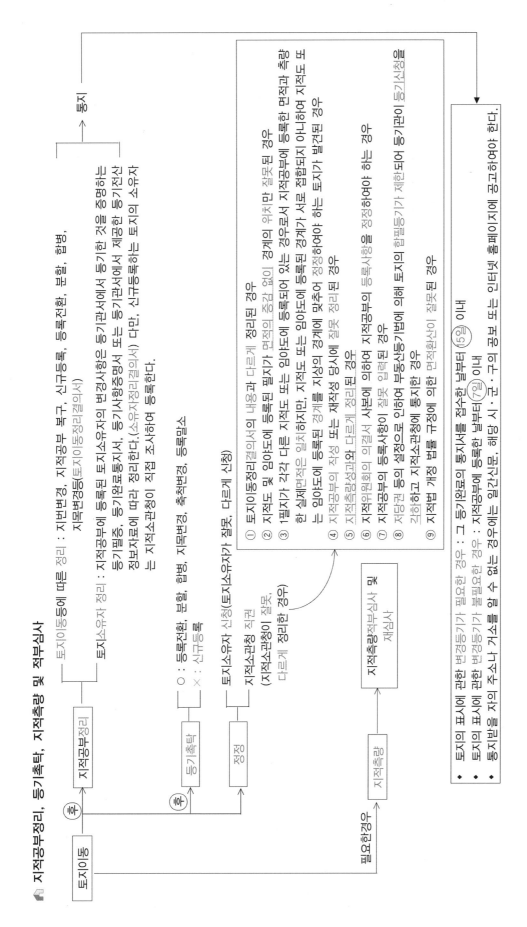

지적공부정리, 등기촉탁, 지적측량 및 직부심사

토지이동

(후) → **지적공부정리**

토지이동등에 따른 정리 : 지번변경, 지적공부 복구, 신규등록, 등록전환, 분할, 합병, 지목변경등(토지이동정리결의서)

토지소유자 정리 : 지적공부에 등록된 토지소유자의 변경사항은 등기관서에서 등기한 것을 증명하는 등기필증, 등기완료통지서, 등기사항증명서 또는 등기관서에서 제공한 등기전산정보자료에 따라 정리한다.(소유자정리결의서) 다만, 신규등록하는 토지의 소유자는 지적소관청이 직접 조사하여 등록한다.

(후) → **등기촉탁**

○ : 등록전환, 분할, 분합, 합병, 지목변경, 축척변경, 등록말소

× : 신규등록

정정

토지소유자 신청(토지소유자가 잘못, 다르게 신청)

지적소관청 직권
(지적소관청이 잘못, 다르게 정리한 경우)

① 토지이동정리결의서의 내용과 다르게 정리된 경우
② 지적도 및 임야도에 등록된 필지가 면적의 증감 없이 경계의 위치만 잘못된 경우
③ 1필지가 각각 다른 지적도 또는 임야도에 등록되어 있는 경우로서 지적공부에 등록된 면적과 측량한 실제면적은 일치하지만, 지적도 또는 임야도에 등록된 경계가 서로 접합되지 아니하여 지적도 또는 임야도에 등록된 경계를 지상의 경계에 맞추어 정정하여야 하는 토지가 발견된 경우
④ 지적공부의 작성 또는 재작성 당시에 잘못 정리된 경우
⑤ 지적측량성과와 다르게 정리된 경우
⑥ 지적위원회의 의결서 사본에 의하여 지적공부의 등록사항을 정정하여야 하는 경우
⑦ 지적공부의 등록사항이 잘못 입력된 경우
⑧ 지방집 등의 성정으로 인하여 부동산등기법에 의해 토지의 합필등기가 제한되어 등기관이 등기신청을 각하하고 지적소관청에 통지한 경우
⑨ 지적법 개정 법률 규정에 의한 면적환산이 잘못된 경우

지적측량

필요한경우 → **지적측량적부심사 및 재심사**

◆ 토지의 표시에 관한 변경등기가 필요한 경우 : 그 등기완료의 통지서를 접수한 날부터 (15일) 이내
◆ 토지의 표시에 관한 변경등기가 불필요한 경우 : 지적공부에 등록한 날부터 (7일) 이내
◆ 통지받을 자의 주소나 거소를 알 수 없는 경우에는 일간신문, 해당 시·군·구의 공보 또는 인터넷 홈페이지에 공고하여야 한다.

→ **통지**

📖 기출지문 총정리

1. 지적도 및 임야도에 등록된 필지가 면적의 증감 없이 경계의 위치만 잘못 등록된 경우 지적소관청이 직권으로 조사·측량하여 정정할 수 있다.

2. 토지소유자가 경계 또는 면적의 변경을 가져오는 등록사항에 대한 정정신청을 하는 때에는 정정사유를 기재한 신청서에 등록사항정정측량성과도를 첨부하여 지적소관청에 제출하여야 한다.

3. 등록사항정정 대상토지에 대한 대장을 열람하게 하거나 등본을 발급하는 때에는 '등록사항정정 대상토지'라고 기재한 부분을 흑백의 반전으로 표시하거나 붉은색으로 기재하여야 한다.

4. 등록사항정정 신청사항이 미등기토지의 소유자 성명에 관한 사항으로서 명백히 잘못 기재된 경우에는 가족관계기록사항에 관한 증명서에 의하여 정정할 수 있다.

5. 지적소관청이 지적공부의 등록사항에 잘못이 있는지를 직권으로 조사·측량하여 정정할 수 있는 경우는 다음과 같다.
   ㉠ 토지이동정리 결의서의 내용과 다르게 정리된 경우
   ㉡ 지적도 및 임야도에 등록된 필지가 면적의 증감 없이 경계의 위치만 잘못된 경우
   ㉢ 1필지가 각각 다른 지적도나 임야도에 등록되어 있는 경우로서 지적공부에 등록된 면적과 측량한 실제면적은 일치하지만 지적도나 임야도에 등록된 경계가 서로 접합되지 않아 지적도나 임야도에 등록된 경계를 지상의 경계에 맞추어 정정하여야 하는 토지가 발견된 경우
   ㉣ 지적공부의 작성 또는 재작성 당시 잘못 정리된 경우
   ㉤ 지적측량성과와 다르게 정리된 경우
   ㉥ 지방지적위원회 또는 중앙지적위원회의 의결서 사본을 받은 지적소관청은 그 내용에 따라 지적공부의 등록사항을 정정하는 경우
   ㉦ 지적공부의 등록사항이 잘못 입력된 경우
   ㉧ 토지합필등기의 제한에 위반하여 등기신청을 각하하는 등기관의 통지가 있는 경우(지적소관청의 착오로 잘못 합병한 경우만 해당함)
   ㉨ 척관법에서 미터법으로 전환시에 면적 환산이 잘못된 경우

6. 지적소관청은 토지의 표시가 잘못되었음을 발견하였을 때에는 지체 없이 등록사항 정정에 필요한 서류와 등록사항 정정 측량성과도를 작성하고, 토지이동정리 결의서를 작성한 후 대장의 사유란에 '등록사항정정 대상토지'라고 적는다.

7. 지적소관청은 등록사항정정 대상토지에 대한 대장을 열람하게 하거나 등본을 발급하는 때에는 "등록사항 정정 대상토지"라고 적은 부분을 흑백의 반전(反轉)으로 표시하거나 붉은색으로 적어야 한다.

📖 기출지문 총정리

8. 지적소관청에 「도시개발법」에 따른 도시개발사업, 「농어촌정비법」에 따른 농어촌정비사업 등의 사업시행자는 그 사업의 착수·변경 및 완료 사실을 신고하여야 그 사유가 발생한 날부터 15일 이내에 하여야 한다.

9. 「도시개발법」에 따른 도시개발사업의 착수를 지적소관청에 신고하려는 자는 도시개발사업 등의 착수(시행)·변경·완료 신고서에 사업인가서, 지번별 조서, 사업계획도를 첨부하여야 한다.

10. 「도시 및 주거환경정비법」에 따른 정비사업의 착수·변경 또는 완료된 사실의 신고는 그 사유가 발생한 날부터 15일 이내에 하여야 한다.

11. 「주택법」에 따른 주택건설사업의 시행자가 파산 등의 이유로 토지의 이동 신청을 할 수 없을 때에는 그 주택의 시공을 보증한 자 또는 입주예정자 등이 신청할 수 있다.

12. 「택지개발촉진법」에 따른 택지개바사업의 사업시행자가 지적소관청에 토지의 이동을 신청한 경우 신청 대상지역이 환지(煥地)를 수반하는 경우에는 지적소관청에 신고한 사업완료 신고로써 이를 갈음할 수 있다. 이 경우 사업완료신고서에 택지개발 사업시행자가 토지의 이동신청을 갈음한다는 뜻을 적어야 한다.

13. 지적소관청은 등기부에 적혀 있는 토지의 표시가 지적공부와 일치하지 아니하면 토지소유자를 정리할 수 없다.

14. 「국유재산법」에 따른 총괄청이나 같은 법에 따른 중앙관서의 장이 소유자 없는 부동산에 대한 소유자 등록을 신청하는 경우 지적소관청은 지적공부에 해당 토지의 소유자가 등록되지 아니한 경우에만 등록할 수 있다.

15. 지적소관청은 필요하다고 인정하는 경우에는 관할 등기관서의 등기부를 열람하여 지적공부와 부동산등기부가 일치하는지 여부를 조사·확인하여야 한다.

16. 지적정리 등의 통지대상은 다음과 같다(법 제90조).
   ① 지적소관청이 직권으로 조사·측량하여 토지의 이동을 정리한 경우
   ② 지번변경을 한 경우
   ③ 지적공부를 복구한 경우
   ④ 바다로 된 토지에 대하여 지적소관청이 직권으로 정리한 경우
   ⑤ 등록사항의 오류에 대하여 지적소관청이 직권으로 정정한 경우
   ⑥ 행정구역의 개편으로 지적소관청이 새로이 지번을 부여한 경우
   ⑦ 도시개발사업 등의 사업시행자의 토지이동신청에 의하여 정리한 경우
   ⑧ 채권자 등의 대위신청에 의하여 지적공부를 정리한 경우
   ⑨ 등기촉탁을 한 경우

📖 기출지문 총정리

17. 지적소관청이 시·도지사나 대도시 시장의 승인을 받아 지번부여지역의 일부에 대한 지번을 변경하여 지적공부에 등록한 경우 해당 토지소유자에게 통지하여야 한다.

18. 지적소관청은 지적공부의 전부 또는 일부가 멸실되거나 훼손되어 이를 복구 등록한 경우 해당 토지소유자에게 통지하여야 한다.

19. 토지의 표시에 관한 변경등기가 필요한 지적정리 등의 통지는 지적소관청이 그 등기완료의 통지서를 접수한 날부터 15일 이내 해당 토지소유자에게 하여야 한다.

20. 토지의 표시에 관한 변경등기가 필요하지 아니한 경우에는 지적공부에 등록한 날부터 7일 이내에 토지소유자에게 통지하여야 한다.

21. 토지소유자의 신청에 의하여 지적정리 등을 한 경우에는 토지소유자에게 지적정리 등의 통지를 하지 않는다.

22. 지적공부에 등록된 토지소유자의 변경사항은 등기관서에서 등기한 것을 증명하는 등기필증, 등기완료통지서, 등기사항증명서 또는 등기관서에서 제공한 등기전산정보자료에 따라 정리한다.

23. 신규등록하는 토지의 소유자는 지적소관청이 직접 조사하여 등록한다.

24. 지적소관청이 직권으로 조사·측량하여 결정한 지번·지목·면적·경계 또는 좌표를 지적공부에 등록한 경우 해당 토지소유자에게 통지하여야 한다.

25. 지적소관청이 직권으로 조사·측량하여 결정한 지번·지목·면적·경계 또는 좌표를 지적공부에 등록한 경우 해당 토지소유자에게 통지하여야 한다.

26. 토지소유자는 지적공부에 등록된 1필지의 일부가 형질변경 등으로 용도가 변경된 경우에는 용도가 변경된 날부터 60일 이내에 지적소관청에 토지의 분할을 신청하여야 한다.

27. 지적소관청은 지적공부의 등록사항에 토지이동정리결의서의 내용과 다르게 정리된 경우 직권으로 조사·측량하여 정정할 수 있다.

28. 지적소관청은 토지소유자의 변동 등에 따라 지적공부를 정리하려는 경우에는 소유자정리결의서를 작성하여야 한다.

29. 지적소관청은 토지이동(신규등록은 제외)에 따른 토지의 표시변경에 관한 등기를 할 필요가 있는 경우에는 지체 없이 관할 등기관서에 그 등기를 촉탁하여야 한다.

30. 지적도 및 임야도에 등록된 필지가 면적의 증감 없이 경계의 위치만 잘못 등록된 경우 지적소관청이 직권으로 조사·측량하여 정정할 수 있다.

📖 확인문제

1. 공간정보의 구축 및 관리 등에 관한 법령상 지적소관청이 지적공부의 등록사항을 직권으로 조사·측량하여 정정할 수 있는 경우로 틀린 것은? 제35회
① 연속지적도가 잘못 작성된 경우
② 지적공부의 작성 또는 재작성 당시 잘못 정리된 경우
③ 토지이동정리 결의서의 내용과 다르게 정리된 경우
④ 지적도 및 임야도에 등록된 필지가 면적의 증감 없이 경계의 위치만 잘못된 경우
⑤ 지방지적위원회 또는 중앙지적위원회의 의결서 사본을 받은 지적소관청이 그 내용에 따라 지적공부의 등록사항을 정정하여야 하는 경우

2. 공간정보의 구축 및 관리 등에 관한 법령상 토지소유자의 정리에 관한 설명이다. ( )에 들어갈 내용으로 옳은 것은? 제33회

> 지적공부에 등록된 토지소유자의 변경사항은 등기관서에서 등기한 것을 증명하는 등기필증, 등기완료통지서, 등기사항증명서 또는 등기관서에서 제공한 등기전산정보자료에 따라 정리한다. 다만, (ㄱ)하는 토지의 소유자는 (ㄴ)이(가) 직접 조사하여 등록한다.

① ㄱ: 축척변경, ㄴ: 등기관
② ㄱ: 축척변경, ㄴ: 시·도지사
③ ㄱ: 신규등록, ㄴ: 등기관
④ ㄱ: 신규등록, ㄴ: 지적소관청
⑤ ㄱ: 등록전환, ㄴ: 시·도지사

3. 공간정보의 구축 및 관리 등에 관한 법령상 지적소관청이 토지소유자에게 지적정리 등을 통지하여야 하는 시기에 대한 설명이다. ( )에 들어갈 내용으로 옳은 것은? 제34회

> • 토지의 표시에 관한 변경등기가 필요하지 아니한 경우: (ㄱ)에 등록한 날부터 (ㄴ) 이내
> • 토지의 표시에 관한 변경등기가 필요한 경우: 그 (ㄷ)를 접수한 날부터 (ㄹ) 이내

① ㄱ: 등기완료의 통지서, ㄴ: 15일, ㄷ: 지적공부, ㄹ: 7일
② ㄱ: 등기완료의 통지서, ㄴ: 7일, ㄷ: 지적공부, ㄹ: 15일
③ ㄱ: 지적공부, ㄴ: 7일, ㄷ: 등기완료의 통지서, ㄹ: 15일
④ ㄱ: 지적공부, ㄴ: 10일, ㄷ: 등기완료의 통지서, ㄹ: 15일
⑤ ㄱ: 지적공부, ㄴ: 15일, ㄷ: 등기완료의 통지서, ㄹ: 7일

정답 1. ① 2. ④ 3. ③

Chapter 05 지적측량

1. 지적측량

(1) **의의**: 지적측량이란 토지를 지적공부에 등록하거나, 지적공부에 등록된 경계점을 지상에 복원할 목적으로 지적 소관청 또는 지적측량수행자가 각 필지의 경계 또는 좌표와 면적을 정하는 측량을 말한다.

(2) **목적**

> • 토   지 ──────→ 지적공부: 면적을 정하고자 하는 경우
> • 지적공부 ──────→ 토지: 지적현황측량, 경계복원측량

(3) **지적측량의 성격**

> ① 평면측량
> ② 기속측량
> ③ 사법측량(司法測量)
> ④ 측량성과의 영구성

(4) **지적측량의 방법**

> ① 측판측량
> ② 경위의측량
> ③ 전파기 또는 광파기측량
> ④ 사진측량
> ⑤ 위성측량

(5) **지적측량의 대상**

구 분	1차 측량(지적측량수행자)		2차 측량
기초 측량	① 지적기준점표지를 설치하는 때	지적삼각측량 지적삼각보조측량 지적도근측량	
세부 측량	② 지적공부의 복구를 위하여 측량을 필요로 하는 때	복구측량	⑫ 검사측량
	③ 신규등록을 하는 때	토지이동측량	
	④ 등록전환을 하는 때		
	⑤ 분할을 하는 때		
	⑥ 바다로 된 토지의 등록말소를 하는 때		
	⑦ 축척변경을 하는 때		
	⑧ 지적공부 등록사항의 정정을 하는 때		
	⑨ 도시개발사업 등으로 인한 토지이동이 있는 때	**지적확정측량**	
	⑩ 경계점을 지상에 복원함에 있어 측량을 필요로 하는 때 ▶ 등록당시 측량방법과 동일 방법으로	**경계복원측량**	▶ 검사 ✕
	⑪ 지상건축물 등의 현황을 도면에 등록된 경계와 대비하여 표시하는 데에 필요한 때	**지적현황측량**	

📖 **기출문제**

1. 공간정보의 구축 및 관리 등에 관한 법령상 지적측량을 실시하여야 하는 경우로 틀린 것은? 제33회
① 지적기준점을 정하는 경우
② 경계점을 지상에 복원하는 경우
③ 지상건축물 등의 현황을 지형도에 표시하는 경우
④ 바다가 된 토지의 등록을 말소하는 경우로서 측량을 할 필요가 있는 경우
⑤ 지적공부의 등록사항을 정정하는 경우로서 측량을 할 필요가 있는 경우

정답 1. ③

⑹ 측량절차

① 지적측량 의뢰	지적측량수행자에게 제출 (⇒ 측량을 실시하여 그 성과를 결정하여야 한다) 🔒 측량의뢰자 1) 토지소유자 2) 토지에 대하여 직접 이해관계가 있는 자(예 상속인) 3) 특례사업시행자(8EA) 4) 대위신청자(4EA)
② 지적측량 접수	지적측량자에게 지적측량수수료를 지급하여야 한다.
③ 지적측량수행계획서 제출	측량기간·측량일자 및 측량수수료 등을 기재한 지적측량 수행계획서를 지적측량 수행자가 그 다음 날까지 지적소관청에 제출
④ 측량준비	측량 업무집행 계획수립 및 관련 자료 조사
⑤ 측량성과 작성	측량결과에 따라 측량부·측량결과도·면적측정부 등을 작성한다. 🔒 지적의 측량기간 및 검사기간 1) 의뢰에 의한 경우

1) 의뢰에 의한 경우

지 역 별	측량기간	검사기간
동, 읍·면 지 역	5일	4일

2) 지적기준점 설치의 경우

구 분	지적기준점 수	
	15개 이하	15개 초과
측량기간	4일	4일 + 초과하는 4개까지 마다 1일을 가산
검사기간	4일	4일 + 초과하는 4개까지 마다 1일을 가산

3) 합의에 의한 경우

측량의뢰인과 지적측량수행자가 따로 기간을 정하는 경우에는 합의 기간에 의하되, 전체기간의 4분의 3은 측량기간으로, 전체기간의 4분의 1은 측량검사기간으로 본다.

※ 측량기간 : 5일 + ※ 검사기간 : 4일	지적측량 기준점			
	+	15개	16 17 18 19	20 21 22 23
		4일	1일	1일
		4일	1일	1일

⑥ 측량성과검사	지적측량을 한 때에는 측량성과에 관한 자료를 시·도지사 또는 지적소관청에 제출하여 그 성과의 정확성에 관한 검사를 받아야 한다.
⑦ 측량성과도 교부	지적소관청은 측량성과가 정확하다고 인정되는 때에는 측량성과도를 지적측량수행자에게 교부하여야 하며, 지적측량수행자는 측량의뢰인에게 그 측량성과도를 지체 없이 교부하여야 한다. 이 경우 검사를 받지 아니한 지적측량성과도는 측량의뢰인에게 교부할 수 없다.
⑧ 지적공부정리신청	경계복원측량, 지적현황측량의 경우 제외
⑨ 지적기준점성과의 열람 및 등본발급	지적삼각점성과 : 특별시장·광역시장·도지사 또는 특별자치도지사(이하 "시·도지사"라 한다)에게 신청 지적삼각보조점 성과 및 지적도근점 성과 : 지적소관청에 신청

📖 **기출문제**

1. 공간정보의 구축 및 관리 등에 관한 법령상 지적측량의 측량기간 및 검사기간에 대한 설명이다. ( )에 들어갈 내용으로 옳은 것은? (단, 지적측량 의뢰인과 지적측량수행자가 서로 합의하여 따로 기간을 정하는 경우는 제외함) 제34회

> 지적측량의 측량기간은 (ㄱ)일로 하며, 측량검사 기간은 (ㄴ)일로 한다. 다만, 지적기준점을 설치하여 측량 또는 측량검사를 하는 경우 지적기준점이 15점 이하인 경우에는 (ㄷ)일을, 15점을 초과하는 경우에는 (ㄹ)일에 15점을 초과하는 (ㅁ) 점마다 1일을 가산한다.

① ㄱ : 4, ㄴ : 4, ㄷ : 4, ㄹ : 4, ㅁ : 3
② ㄱ : 5, ㄴ : 4, ㄷ : 4, ㄹ : 4, ㅁ : 4
③ ㄱ : 5, ㄴ : 4, ㄷ : 4, ㄹ : 5, ㅁ : 3
④ ㄱ : 5, ㄴ : 4, ㄷ : 5, ㄹ : 5, ㅁ : 4
⑤ ㄱ : 6, ㄴ : 5, ㄷ : 5, ㄹ : 5, ㅁ : 3

정답 1. ②

🏠 위원회

구 분	구 성	위원장	위 원	위원임기	임 명
중앙 지적위원회	5인~10인 이내 (위원장 · 부위원장 포함)	국토교통부 지적업무 담당국장	지적에 관한 학식과 경험이 풍부한 자	2년 (위원장 · 부위원장 제외)	국토교통부
지방 지적위원회	5인~10인 이내 (위원장 · 부위원장 포함)	시 · 도 지적업무 담당국장	지적에 관한 학식과 경험이 풍부한 자	2년 (위원장 · 부위원장 제외)	시 · 도지사

🔒 **지적기준점성과의 관리, 보관, 열람**

1. 지적삼각점성과는 특별시장, 광역시장 도지사 또는 특별자치도지사(시도지사)가 관리한다.
2. 지적삼각보조점성과 및 지적도근점성과는 지적소관청이 관리한다.
3. 지적소관청이 지적삼각점을 설치하거나 변경하였을 때에는 그 측량성과를 시도지사에게 통보한다.
4. 지적측량기준점성과 또는 그 측량부를 열람하거나 등본을 발급받으려는 자는 특별시장, 특별자치시장, 광역시장, 도지사, 특별자치도지사(시도지사) 또는 지적소관청에 신청하여야 한다.
5. 지적삼각보조점성과 및 지적도근점성과는 지적소관청에 신청하여야 한다.

🏠 **지적측량 기준점 관리 및 열람 · 등본발급**

구 분	측량성과의 관리	측량성과의 열람 및 등본발급
지적삼각점	시 · 도지사	시 · 도지사 또는 지적소관청
지적삼각보조점	지적소관청	지적소관청
지적도근점	지적소관청	지적소관청

📖 기출문제

1. 공간정보의 구축 및 관리 등에 관한 법령상 지적측량의 의뢰, 지적기준점성과의 보관·열람 및 등본 발급 등에 관한 설명으로 옳은 것은? 제33회

① 지적삼각보조점성과 및 지적도근점성과를 열람하거나 등본을 발급받으려는 자는 지적측량수행자에게 신청하여야 한다.

② 지적측량을 의뢰하려는 자는 지적측량 의뢰서에 의뢰 사유를 증명하는 서류를 첨부하여 지적소관청에 제출하여야 한다.

③ 시·도지사나 지적소관청은 지적기준점성과와 그 측량기록을 보관하고 일반인이 열람할 수 있도록 하여야 한다.

④ 지적소관청이 지적측량 의뢰를 받은 때에는 측량기간, 측량일자 및 측량 수수료 등을 적은 지적측량 수행계획서를 그 다음 날까지 지적측량수행자에게 제출하여야 한다.

⑤ 지적측량 의뢰인과 지적측량수행자가 서로 합의하여 따로 기간을 정하는 경우에는 그 기간에 따르되, 전체 기간의 4분의 1은 측량기간으로, 전체 기간의 4분의 3은 측량검사기간으로 본다.

2. 공간정보의 구축 및 관리 등에 관한 법령상 지적삼각보조점성과의 등본을 발급받으려는 경우 그 신청기관으로 옳은 것은? 제34회

① 시·도지사

② 시·도지사 또는 지적소관청

③ 지적소관청

④ 지적소관청 또는 한국국토정보공사

⑤ 한국국토정보공사

정답 1. ③ 2. ③

2. 지적측량 적부심사 및 재심사

(1) 지적측량적부심사청구

① 지적측량성과에 대하여 다툼이 있는 경우에 토지소유자 또는 이해관계인은 지적측량을 신청하여 측량을 실시한 후 심사청구서에 그 측량성과와 심사청구경위서를 첨부하여 지적측량적부심사청구서를 시·도지사에게 제출하여야 한다.

② 지적측량적부심사청구서를 받은 시·도지사는 조사측량성과를 작성하기 위하여 필요한 경우에는 지적직 공무원을 지정하여 지적측량을 하게 할 수 있으며, 필요한 때에는 지적측량수행자의 참여를 요청할 수 있다.

(2) 지적측량적부심사절차

1) 지방지적위원회에의 회부

지적측량적부심사청구서를 받은 시·도지사는 30일 이내에 다음 사항을 조사하여 지방지적위원회에 회부하여야 한다.

① 측량자별 측량경위 및 측량성과

② 당해 토지에 대한 토지이동연혁·소유권 변동연혁 및 조사측량성과

2) 지방지적위원회의 의결

시·도지사로부터 지적측량적부심사청구서 등을 회부받은 지방지적위원회는 그 날부터 60일 이내에 심의·의결하여야 한다. 다만 부득이한 경우에는 1차에 한하여 당해 지방지적위원회의 의결로써 30일을 넘지 아니하는 범위 내에서 그 기간을 연장할 수 있다.

3) 지적측량적부심사의결서의 송부

① 지방지적위원회가 지적측량적부심사 의결을 한 때에는 위원장과 참석위원 전원이 서명·날인한 지적측량적부심사의결서를 지체 없이 시·도지사에게 송부하여야 한다.

② 시·도지사는 지적측량적부심사의결서를 송부받은 날부터 7일 이내에 지적측량적부심사청구인 및 이해관계인에게 통지하여야 한다. 이 때 재심사를 청구할 수 있음을 서면으로 알려야 한다.

4) 지적측량적부심사에 대한 재심사청구

① 지적측량적부심사 의결서를 통지받은 자가 지방지적위원회의 의결에 불복하는 때에는 의결서를 통지받은 날부터 90일 이내에 재심사청구서에 다음의 서류를 첨부하여 국토교통부장관을 거쳐 중앙지적위원회에 재심사를 청구할 수 있다.

㉠ 지방지적위원회의 지적측량적부심사 의결서 사본

㉡ 재심사청구 사유

② 중앙지적위원회가 재심사 사안에 관하여 의결한 때에는 위원장과 참석위원 전원이 서명·날인한 의결서를 지체 없이 국토교통부장관에게 송부하여야 하며, 의결서를 송부받은 국토교통부장관은 그 사본을 작성하여 시·도지사에게 송부하여야 한다.

5) 지적위원회의 의결 후 절차

① 지방지적위원회의 의결서를 송부받은 시·도지사는 당해 지적측량적부심사 청구인 또는 이해관계인이 90일 이내에 재심사청구를 하지 아니하는 때에는 지방지적위원회의 의결서 사본을, 당해 지적측량적부심사청구인 또는 이해관계인이 재심사 청구를 한 때에는 송부받은 중앙지적위원회의 의결서 사본에 지방지적위원회의 의결서 사본을 첨부하여 지적소관청에 송부하여야 한다.

② 시·도지사로부터 의결서 사본을 송부받은 지적소관청은 직권으로 지체 없이 그 내용에 따라 지적공부의 등록사항을 정정하거나 측량성과를 수정하여야 한다.

※ 지적측량적부심사 절차

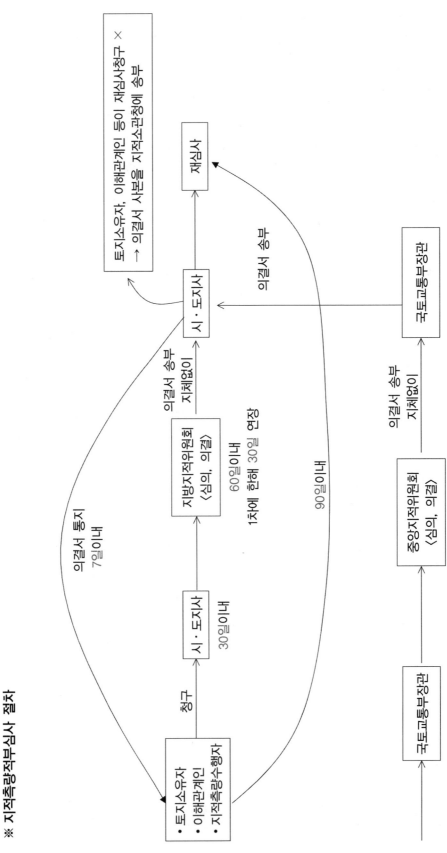

📖 **지적측량 기출지문 총정리**

1. 다음 각 호의 어느 하나에 해당하는 경우에는 지적측량을 하여야 한다.

> 1) 지적기준점을 정하는 경우(기초측량)
> 2) 지적측량성과를 검사하는 경우(검사측량)
> 3) 다음 각 목의 어느 하나에 해당하는 경우로서 측량을 할 필요가 있는 경우
>   ① 지적공부를 복구하는 경우(복구측량)
>   ② 토지를 신규등록하는 경우(신규등록측량)
>   ③ 토지를 등록전환하는 경우(등록전환측량)
>   ④ 토지를 분할하는 경우(분할측량)
>   ⑤ 바다가 된 토지의 등록을 말소하는 경우(해면성말소측량)
>   ⑥ 축척을 변경하는 경우(축척변경측량)
>   ⑦ 지적공부의 등록사항을 정정하는 경우(등록사항정정측량)
>   ⑧ 도시개발사업 등의 시행지역에서 토지의 이동이 있는 경우(지적확정측량)
>   ⑨ 지적재조사에 관한 특별법에 따른 지적재조사사업에 따라 토지의 이동이 있는 경우(지적재조사측량)
> 4) 경계점을 지상에 복원하는 경우(경계복원측량)
> 5) 지상건축물 등의 현황을 지적도 및 임야도에 등록된 경계와 대비하여 표시하는 데에 필요한 경우(지적현황측량)

2. 경계복원측량과 지적현황측량은 검사를 받지 아니한다.

3. 지적측량수행자가 지적측량 의뢰를 받은 때에는 측량기간, 측량일자 및 측량수수료 등을 적은 지적측량 수행계획서를 그 다음 날까지 지적소관청에 제출하여야 한다.

4. 토지소유자 등 이해관계인은 지적측량을 할 필요가 있는 경우에는 지적측량수행자에게 지적측량을 의뢰하여야 하나, 검사측량과 지적재조사측량은 의뢰하는 측량이 아니다.

5. 연속지적도는 측량에 활용할 수 없는 도면이다.

6. 지상건축물 등의 현황을 지적도 및 임야도에 등록된 경계와 대비하여 표시하는 데에 필요한 경우에 하는 측량은 지적현황측량이다.

7. 「지적재조사에 관한 특별법」에 따른 지적재조사사업에 따라 토지의 이동이 있는 경우로서 측량을 할 필요가 있는 경우에 측량을 한다.

8. 지적측량수행자가 실시한 측량성과에 대하여 지적소관청이 검사를 위해 측량을 하는 경우에 측량을 한다.

📖 지적측량 기출지문 총정리

9. 지상건축물 등의 현황을 지적도 및 임야도에 등록된 경계와 대비하여 표시하기 위해 측량을 할 필요가 있는 경우에 측량을 한다.

10. 「도시 및 주거환경정비법」에 따른 정비사업 시행지역에서 토지의 이동이 있는 경우로서 측량을 할 필요가 있는 경우에 측량을 한다.

11. 지적삼각점성과에 대해서는 특별시장·광역시장·특별자치시장·도지사·특별자치도지사(이하 "시·도지사"라 한다) 또는 지적소관청에 신청하여야 한다.

12. 지적측량 기준점 관리 및 열람·등본발급

구 분	측량성과의 관리	측량성과의 열람 및 등본발급
지적삼각점	시·도지사	시·도지사 또는 지적소관청
지적삼각보조점	지적소관청	지적소관청
지적도근점	지적소관청	지적소관청

13. 토지소유자는 토지를 분할하는 경우로서 지적측량을 할 필요가 있는 경우에는 지적측량수행자에게 지적측량을 의뢰하여야 한다.

14. 지적측량을 의뢰하려는 자는 지적측량 의뢰서(전자문서로 된 의뢰서를 포함한다)에 의뢰 사유를 증명하는 서류(전자문서를 포함한다)를 첨부하여 지적측량수행자에게 제출하여야 한다.

15. 지적측량수행자는 지적측량 의뢰를 받은 때에는 측량기간, 측량일자 및 측량수수료 등을 적은 지적측량 수행계획서를 그 다음 날까지 지적소관청에 제출하여야 한다.

16. 지적기준점을 설치하지 않고 측량 또는 측량검사를 하는 경우 지적측량의 측량기간은 5일, 측량검사기간은 4일을 원칙으로 한다.

17. 지적기준점을 설치하지 아니하고, 지적측량의뢰인과 지적측량수행자가 서로 합의하여 따로 기간을 정하는 경우를 제외한 지적측량의 측량기간은 5일, 측량검사기간은 4일로 한다.

18. 지적측량은 지적기준점을 정하기 위한 기초측량과 1필지의 경계와 면적을 정하는 세부측량으로 구분하며, 평판측량, 전자평판측량, 경위의측량, 전파기 또는 광파기측량, 사진측량 및 위성측량 등의 방법에 따른다.

19. 지적공부의 복구·신규등록·등록전환 및 축척변경을 하기 위하여 세부측량을 하는 경우에는 필지마다 면적을 측정하여야 한다.

20. 지적기준점측량의 절차는 계획의 수립, 준비 및 현지답사, 선점(選點), 조표(調標), 관측 및 계산과 성과표의 작성 순서에 따른다.

📖 지적측량 기출지문 총정리

21. 지적측량의뢰인과 지적측량수행자가 서로 합의하여 따로 측량기간과 측량검사기간을 정하는 경우에는 그 기간에 따르되, 전체 기간의 4분의 3은 측량기간으로, 전체 기간의 4분의 1은 측량검사기간으로 본다.

22. 토지소유자, 이해관계인 또는 지적측량수행자는 지적측량성과에 대하여 다툼이 있는 경우에는 관할 시·도지사를 거쳐 지방지적위원회에 지적측량 적부심사를 청구할 수 있다.

23. 시·도지사는 지방지적위원회의 의결서를 받은 날로부터 7일 이내에 지적측량 적부심사 청구인 및 이해관계인에게 그 의결서를 통지하여야 한다.

24. 시·도지사로부터 의결서를 받은 자가 지방지적위원회의 의결에 불복하는 경우에는 그 의결서를 받은 날부터 90일 이내에 국토교통부장관을 거쳐 중앙지적위원회에 재심사를 청구할 수 있다.

25. 중앙지적위원회는 관계인을 출석하게 하여 의견을 들을 수 있으며, 필요하면 현지조사를 할 수 있다.

중앙지적위원회
국토교통부
• 지적측량 적부심사에 대한 재심사 • 지적 관련 정책 개발 및 업무 개선 등에 관한 사항 • 지적측량기술의 연구·개발 및 보급에 관한 사항 • 지적분야 측량기술자(지적기술자)의 양성에 관한 사항 • 지적기술자의 업무정지 처분 및 징계요구에 관한 사항

26. 지적측량 적부심사청구를 받은 지적소관청은 30일 이내에 다툼이 되는 지적측량의 경위 및 그 성과, 해당 토지에 대한 토지이동 및 소유권 변동 연혁, 해당 토지 주변의 측량기준점, 경계, 주요 구조물 등 현황 실측도를 조사하여 지방지적위원회에 회부하여야 한다.

27. 지적측량 적부심사청구를 회부받은 지방지적위원회는 부득이한 경우가 아닌 경우 그 심사청구를 회부받은 날부터 90일 이내에 심의·의결하여야 한다.

28. 지방지적위원회는 부득이한 경우에 심의기간을 해당 지적위원회의 의결을 거쳐 60일 이내에서 한 번만 연장할 수 있다.

29. 의결서를 받은 자가 지방지적위원회의 의결에 불복하는 경우에는 그 의결서를 받은 날부터 90일 이내에 시·도지사를 거쳐 중앙지적위원회에 재심사를 청구할 수 있다.

30. 시·도지사는 지방지적위원회의 지적측량 적부심사 의결서를 받은 날부터 7일 이내에 지적측량 적부심사 청구인 및 이해관계인에게 그 의결서를 통지하여야 한다.

📖 넓혀보기

1. 도시개발사업 등 시행지역의 토지이동 신청에 관한 특례(법 제86조)
   ① 「도시개발법」에 따른 도시개발사업, 「농어촌정비법」에 따른 농어촌정비사업, 그 밖에 대통령령으로 정하는 토지개발사업의 시행자는 대통령령으로 정하는 바에 따라 그 사업의 착수·변경 및 완료 사실을 지적소관청에 신고하여야 한다.
   ② 제1항에 따른 사업과 관련하여 토지의 이동이 필요한 경우에는 해당 사업의 시행자가 지적소관청에 토지의 이동을 신청하여야 한다.
   ③ 제2항에 따른 토지의 이동은 토지의 형질변경 등의 공사가 준공된 때에 이루어진 것으로 본다.
   ④ 제1항에 따라 사업의 착수 또는 변경의 신고가 된 토지의 소유자가 해당 토지의 이동을 원하는 경우에는 해당 사업의 시행자에게 그 토지의 이동을 신청하도록 요청하여야 하며, 요청을 받은 시행자는 해당 사업에 지장이 없다고 판단되면 지적소관청에 그 이동을 신청하여야 한다.

2. 신청의 대위(법 제87조) 다음 각 호의 어느 하나에 해당하는 자는 이 법에 따라 토지소유자가 하여야 하는 신청을 대신할 수 있다. 다만, 제84조에 따른 등록사항 정정 대상토지는 제외한다. 〈개정 2014. 6. 3.〉
   ① 공공사업 등에 따라 학교용지·도로·철도용지·제방·하천·구거·유지·수도용지 등의 지목으로 되는 토지인 경우: 해당 사업의 시행자
   ② 국가나 지방자치단체가 취득하는 토지인 경우: 해당 토지를 관리하는 행정기관의 장 또는 지방자치단체의 장
   ③ 「주택법」에 따른 공동주택의 부지인 경우: 「집합건물의 소유 및 관리에 관한 법률」에 따른 관리인(관리인이 없는 경우에는 공유자가 선임한 대표자) 또는 해당 사업의 시행자
   ④ 「민법」 제404조에 따른 채권자

📖 CHECKPOINT

1. 도시개발법에 따른 도시개발사업, 농어촌정비법에 따른 농어촌정비사업 등의 사업시행자는 그 사업의 착수 변경 및 완료사실을 지적소관청에게 신고하여야 한다.

2. 도시개발사업 등의 착수 변경 및 완료사실의 신고는 그 사유가 발생한 날로부터 15일 이내에 하여야 한다.

3. 주택법에 따른 주택건설사업의 시행자가 파산 등의 이유로 토지의 이동 신청할 수 없는 때에는 그 주택에 시공을 보증한 자 또는 입주예정자 등이 신청할 수 있다.

4. 지적측량수행자가 지적측량을 하였으면 시·도지사, 대도시시장(「지방자치법」에 따라 자치구가 아닌 구가 설치된 시의 시장을 말한다.)또는 지적소관청으로부터 측량성과에 대한 검사를 받아야 한다. 다만, 지적공부를 정리하지 아니하는 지적현황측량과 경계복원측량의 검사를 받지 아니한다.

5. 지적현황측량이란 지상건축물 등의 현황을 지적도 및 임야도에 등록된 경계와 대비하여 표시하는 데에 필요한 경우에 하는 측량을 말한다.

6. 지적기준점측량의 절차는 계획의 수립, 선점(選點) 및 조표(調標), 관측 및 계산과 성과표의 작성 순서에 따른다.

7. 경계복원측량은 등록 당시의 측량방법에 의해서 해야한다.

8. 지적측량수행자는 지적측량업의 등록을 한자(지적측량업자)와 한국국토정보공사이다.

9. 지적측량수행자는 지적측량 의뢰를 받은 때에는 측량기간, 측량일자 및 측량수수료 등을 적은 지적측량수행계획서를 그 다음날까지 지적소관청에 제출하여야 한다.

10. 지적삼각점의 측량성과의 보존, 관리는 시·도지사에게 하며 측량성과의 열람신청은 시·도지사 또는 지적소관청에게 해야하고 지적삼각보조점과 지적도근점 측량성과의 보존관리 열람신청은 지적소관청에 한다.

02

부동산등기법

부동산등기법 총설

제1절 | 부동산등기 및 부동산등기제도

1. 부동산등기의 의의

등기소에서		관할: 부동산의 소재지	
등기관이		지방법원장 또는 지방법원 지원장이 지정	
등기부에			
부동산의	사실관계	표제부	토지: 소재, 지번, 지목, 면적
			건물: 소재, 지번, 구조, 종류, 면적
	권리관계	갑 구	소유권, 소유권에 관한 권리
		을 구	소유권이외의 권리, 소유권이외의 권리에 관한 권리
기록하는 것 또는 기록 그 자체		기록되지 않으면 등기가 없는 것임	

🔒 등기는 등기부에 형식적으로 기록되어야 한다.

🔒 등기의 **효력발생시기**는 등기완료시가 아니라 **접수(저장시)시**로 소급하여 발생한다.

2. 우리나라 등기제도의 특징

(1) 등기부의 조직

원 칙	1부동산 1등기기록주의 = 물적편성주의
예 외	집합(구분)건물의 등기부 = 1부동산 1등기기록주의의 예외이나, 실질적으로는 준수되고 있다. 물적편성주의에는 예외가 없다.

(2) 등기의 절차: 신청주의 원칙(법 제22조 제1항)

> **제22조(신청주의)**
> ① 등기는 당사자의 신청 또는 관공서의 촉탁에 따라 한다. 다만, 법률에 다른 규정이 있는 경우에는 그러하지 아니하다.
> ② 촉탁에 따른 등기절차는 법률에 다른 규정이 없는 경우에는 신청에 따른 등기에 관한 규정을 준용한다.
> ③ 등기를 하려고 하는 자는 대법원규칙으로 정하는 바에 따라 수수료를 내야 한다.

⑶ **등기관의 심사권**

⑷ **등기와 물권변동** : 성립요건주의(형식주의)

　법률행위에 의한 부동산 물권변동은 등기하여야 효력이 발생한다(민법 제186조).

⑸ **등기의 공신력** : 부정

⑹ **토지·건물등기부의 이원화**

⑺ **대장과 등기부의 이원화** : 부동산의 권리관계는 등기부를 기초로 하고, 부동산의 표시에 관한 사항은 대장을 기초로 한다.

⑻ **국가배상주의** : 등기관의 고의 과실로 인하여 사인에게 손해를 입힌 경우에 국가배상법에 의하여 국가가 배상책임을 진다. 단, 등기관에게 고의 또는 중대한 과실이 있는 경우에는 국가는 등기관에게 구상권을 행사 할 수 있다.

⑼ **등기원인증서의 사서증서성** : 등기원인을 증명하는 정보(계약서 등)에 공증을 받아서 제공할 필요가 없다.

3. 등기의 효력

⑴ **등기의 일반적 효력**(종국등기의 효력)

1) 물권변동적 효력 : 물권변동의 효력은 접수시로 소급하여 발생.

2) 순위확정적 효력

> ① 동일한 부동산에 관하여 등기한 권리의 순위는 법률에 다른 규정이 없는 한 등기의 전·후에 의한다.
> ② 등기의 순위 : ⓓ구 ⇒ ⓢ위번호, ⓑ구 ⇒ ⓙ수번호
> ③ 부기등기의 순위 = 주등기의 순위 / 부기등기 상호간의 순위 = 그 전후
> ④ 가등기에 기한 본등기시 본등기의 순위 = 가등기의 순위
> ⑤ 회복등기의 순위 = 종전의 순위
> > ▶ 구분건물에서 대지권에 대한 등기로서 효력 있는 등기와 대지권의 목적인 토지의 등기기록 중 해당구 사항란에 한 등기의 전후는 접수번호(≠순위번호)에 의한다.

📖 확인문제

1. 등기한 권리의 순위에 관한 설명으로 틀린 것은? (다툼이 있으면 판례에 따름)

제34회

① 부동산에 대한 가압류등기와 저당권설정등기 상호간의 순위는 접수번호에 따른다.
② 2번 저당권이 설정된 후 1번 저당권 일부이전의 부기등기가 이루어진 경우, 배당에 있어서 그 부기등기가 2번 저당권에 우선한다.
③ 위조된 근저당권해지증서에 의해 1번 근저당권등기가 말소된 후 2번 근저당권이 설정된 경우, 말소된 1번 근저당권등기가 회복되더라도 2번 근저당권이 우선한다.
④ 가등기 후에 제3자 명의의 소유권이전등기가 이루어진 경우, 가등기에 기한 본등기가 이루어지면 본등기는 제3자 명의 등기에 우선한다.
⑤ 집합건물 착공 전의 나대지에 대하여 근저당권이 설정된 경우, 그 근저당권등기는 집합건물을 위한 대지권등기에 우선한다.

정답 1. ③

3) 대항력

> ▶ 등기하지 않으면 채권적 효력(상대적·대인적효력)을 가지는 데 불과하나 등기하면 제3자에 대하여도 대항력이 생긴다.

🔒 지상권에서 존속기간, 지료. 저당권에서 이자, 변제기 등은 등기하여야 제3자에게 그 효력을 주장할 수 있다.

4) 추정력

① 추정의 의의 및 효과

> ㉠ 어떤 등기가 있으면 적법한 등기⑪인, 등기절차, ⑪리에 추정력이 인정됨.
> ㉡ 따라서, 입증책임은 주장하는 자 (상대방)에게 있다.
> 🔒 등기의 추정력은 권리관계에 관해서만 인정. 표제부에는 인정×

② 추정력이 미치는 범위

> ㉠ 토지소유권보존등기는 토지소유권이 진정하게 보존되어 있다는 사정에 관해서는 추정력이 있다.(등기된 권리의 추정)
> ▶ **등기의 추정력이 당사자 간에도 인정되는지의 문제**
> 　소유권보존등기: 인정×
> 　소유권이전등기: 인정○
> ㉡ 소유권이전등기청구권 보전을 위한 가등기가 있어도 소유권이전등기를 청구할 어떤 법률관계가 있다고 추정×

© 등기가 불법말소된 경우 회복등기 전이라도 말소된 등기의 최종명의인은 적법한 권리자로 추정된다(등기는 물권변동의 효력발생요건이지, 효력존속요건이 아니다).
② 담보물권의 등기는 그 담보물권의 존재 자체뿐만 아니라 이에 상응하는 피담보채권의 존재도 추정.
③ 등기된 부동산에 대해서는 점유의 추정력을 인정하지 않는다.

5) 점유적효력(기간단축의 효력)

6) **후등기 저지력** : 등기가 존재하는 이상, 그 유·무효를 불문하고 그것을 말소하지 않고서는 그 등기와 양립불가능한 등기를 할 수 없다.

4. 등기의 종류

(1) 등기의 대상 또는 기능에 의한 분류

1) **부동산표시에 관한 등기**(= 사실의 등기 = 표제부의 등기 = 표시란의 등기)

2) **권리에 관한 등기**(= 갑구·을구의 등기 = 사항란의 등기)

- 권리의 등기에 관하여 등기법은 신청의무를 부과하지 않는다.
- 부동산등기특별조치법에서 소유권 보존과 소유권 이전등기에 관하여 일정한 날로부터 60일이내의 신청의무를 부과하고 있다.

표제부의 등기(부동산표시)는 대부분 1월 이내의 신청의무를 부과하고 있다.

🔒 표제부에는 접수번호와 부기등기를 하지 않는다.

(2) 등기의 내용에 따른 분류

1) **기입등기**
새로운 등기원인에 의해 어떤 사항을 등기부에 새로이 기입하는 것
예 소유권보존등기, 각종의 권리의 이전등기, 제한물권설정등기 등

2) **변경등기**
등기부의 기록과 실체관계가 후발적 (= 등기완료 후)으로 일부 불일치가 있는 경우 이를 시정하기 위한 등기

3) **경정등기**
등기부의 기록과 실체관계에 원시적으로 일부 불일치가 있는 경우 이를 시정하기 위한 등기

4) **말소등기**
등기부의 기록과 실체관계가 전부 불일치 또는 등기부의 기록이 전부 부적법한 경우 기존 등기를 소멸시키기 위한 등기

5) 멸실등기

부동산의 전부가 멸실된 경우에 행하는 등기

▶ 부동산의 일부가 멸실한 때에는 변경등기.

🏠 **비교**

부동산의 일부멸실	변경등기
부동산의 전부멸실	멸실등기 후 등기부 폐쇄(1월 이내)
존재하지 않는 건물	멸실등기 후 등기부 폐쇄(지체 없이)

6) 회복등기

① 말소회복등기: 등기사항(권리)의 전부 또는 일부가 부적법하게 말소된 경우에 회복을 위하여 하는 등기

▶ 종전등기의 효력과 순위가 그대로 회복된다.

(3) 등기의 효력에 따른 분류

1) 종국등기(본등기)

권리변동의 효력을 발생케 하는 등기. 대부분의 등기는 종국등기이다.

2) 예비등기

권리변동의 효력발생과 직접적인 관계가 없는 등기이다. 예로는 가등기가 있다.

🏠 **등기 내용에 따른 분류 정리**

종 류	내 용
기입등기	새로운 등기원인에 의하여 등기부에 등기사항을 새롭게 기입하는 등기
변경등기	후발적 일부 등기 ≠ 실체관계
경정등기	원시적 일부 등기 ≠ 실체관계
말소등기	등기사항 전부 등기 ≠ 실체관계
멸실등기	부동산 전부 등기 ≠ 실체관계
말소회복등기	등기사항 전부 or 일부가 부적법 말소 ⇨ 회복

(4) 등기의 형식(방식)**에 의한 분류**

1) 주등기(독립등기): 기존의 표시번호나 순위번호에 이어지는 독립된 번호를 붙여서 하는 등기

예 소유권보존, 소유권이전등기, 소유권의 가압류·가처분의 등기

2) 부기등기 : 기존의 주등기번호에 부기호수를 붙여서 하는 등기

> ① 등기명의인표시의 변경이나 경정의 등기
> ② 소유권 이외의 권리의 이전등기
> ③ 소유권 이외의 권리를 목적으로 하는 권리에 관한 등기
> ④ 소유권 이외의 권리에 대한 처분의 제한등기
> ⑤ 권리의 변경이나 경정등기
> ⑥ 환매특약의 등기
> ⑦ 권리소멸의 약정등기
> ⑧ 공유물분할금지의 약정등기

📖 확인문제

1. 부기로 하는 등기로 옳은 것은? 제33회

① 부동산멸실등기
② 공유물 분할금지의 약정등기
③ 소유권이전등기
④ 토지분필등기
⑤ 부동산의 표시변경등기 등 표제부의 등기

정답 1. ②

3) 주등기 or 부기등기로 하는 경우

권리의 변경·경정 등기시 ── 등기부상 이해관계인의 승낙서 첨부○ ⇨ 부기등기

등기부상 이해관계인의 승낙서 첨부✕ ⇨ 주등기

4) 부기등기의 부기등기하는 경우 : 부기등기로 되어 있는 것을 이전하는 경우

① 환매권의 이전등기
② 전세권부 저당권이전등기
③ 저당권부 권리질권 이전등기

5. 등기의 대상

	등기 되는 것	등기 되지 않는 것
부동산	① 도로 ② 방조제 ③ 농업용 고정식온실 ④ 유류저장탱크 ⑤ 싸이로 ⑥ 비각 ⑦ 국유재산 ⑧ 지붕이 있는 경량철골조 또는 판넬건물 ⑨ 하천	① 군사분계선 이북 토지 ② 공해상 수중암초 또는 구조물 ③ 터널, 교량 ④ 급유탱크 ⑤ 방조제의 부대시설물 (배수갑문 양수기) ⑥ 일시사용을 위한 가설건축물 ⑦ 주유소 캐노피, 옥외풀장, 비닐하우스 ⑧ 지붕이 없는 경량철골조 또는 판넬건물 ⑨ 유희시설 ⑩ 공작물시설로 등록된 해상관광 호텔용 선박
구분건물	① 전유부분 ② 규약상 공용부분 ③ 부속건물 ④ 집합건물의 공용부분 중 구분건물 또는 독립건물로서의 구조를 가지는 경우(지하실, 기계실, 관리사무소, 노인정) ⑤ 집합 건물상의 구분점포	① 구조상 공용부분(아파트의 복도, 계단) ② 지하상가나 시장건물의 통로 복도 계단 ③ 건물의 승강기, 발전시설, 보일러 시설, 부착된 금고, 옥내변전 배전 시설, 펌프실, 물탱크실
권리와 약정	① 권리질권 ② 민법의 환매권 법43조 ③ 권리소멸의 약정 법43조2 ④ 신탁	① 부동산의 사용수익을 목적으로 하는 질권 ② 확인판결 받은 주위토지통행권 ③ 상속재산 관리인 ④ 부부재산 약정등기 ⑤ 부재자 재산 관리인 선임등기 ⑥ 송전선 소유를 위한 구분임차권 등기 ⑦ 공익사업을 위한 토지 등의 취득 및 보상에 관한 법률 91조에서 규정한 환매권 ⑧ 저당권이전금지특약

	등기○	등기×
하 천	소유권, 저당권, 권리질권 가등기 : 보존·설정·이전·변경·처분의 제한에 관한 것.	지상권·지역권·전세권·임차권 ⇨ 설정·이전·변경등기
개방형 축사	1. 토지에 단단하게 정착성 2. 소 사육용도로 계속 사용 3. 지붕 + 견고한 구조(벽은 요건×) 4. 축사로 건축물대장에 등록 5. 연면적이 100m^2 초과	

📖 **확인문제**

1. 부동산등기법상 등기할 수 없는 것을 모두 고른 것은? 제34회

ㄱ. 분묘기지권   ㄴ. 전세권저당권
ㄷ. 주위토지통행권   ㄹ. 구분지상권

① ㄱ, ㄷ   ② ㄴ, ㄹ   ③ ㄱ, ㄴ, ㄹ
④ ㄱ, ㄷ, ㄹ   ⑤ ㄴ, ㄷ, ㄹ

정답 1. ①

6. 실체법상의 물권변동과 등기사항

(1) 등기하여야 효력이 발생하는 물권변동(실체법상의 등기사항)

1) 민법 제186조는 "부동산에 관한 법률행위로 인한 물권의 득실변경은 등기하여야 그 효력이 생긴다."라고 규정

2) **물권의 득실변경** : 권리의 보존·설정·이전·변경·소멸·처분제한을 의미

(2) 등기 없이 효력이 발생하는 물권변동

1) **민법 제187조** "상속, 공용징수, 판결, 경매 기타 법률의 규정에 의한 부동산에 관한 물권의 취득은 등기를 요하지 않는다. 그러나 등기하지 아니하면 이를 처분하지 못한다."

① 상속 - 포괄적 유증, 회사의 합병
② 공용징수 - 보상금지급을 정지조건으로 '수용의 날'에 물권변동
③ 판결 - '<u>형성판결</u>이 확정된 때'에 물권변동
④ 경매·공매 - '경락대금·매수대금 완납시'에 권리변동

⑤ 기타 법률의 규정에 의한 물권변동

> ㉠ 신축건물의 소유권 취득
> ㉡ 공유수면매립지의 소유권취득
> ㉢ 용익물권의 존속기간 만료에 의한 소멸
> ㉣ 피담보채권의 소멸에 의한 저당권소멸
> ㉤ 법정지상권, 법정대위에 의한 저당권의 이전, 법정저당권, 관습법상의 법정지상권
> ㉥ 소멸시효/혼동/부동산 멸실로 인한 물권의 소멸
> ㉦ 원인행위의 무효·취소·해제로 인한 물권의 복귀
> ㉧ 재단법인 설립시 출연재산의 귀속

> ▶ **단**, **부동산의 점유시효취득은** 법률의 규정에 의한 취득이지만 등기해야 물권변동의 효력이 생긴다.(유일한 예외)

7. 등기의 유효요건

(1) 형식적 유효요건(절차법적 요건)

1) **등기가 존재할 것**: 등기부에 기록되어 있어야 한다.

2) **등기사항에 대한 등기일 것**: 등기할 사항이 아닌 것을 등기신청하면 각하사유이다.

3) **관할등기소에서 등기할 것**: 관할권 없는 등기소에의 등기신청은 각하사유이다.

4) **법정절차에 따른 등기일 것**: 등기신청절차에 하자가 없어야 한다.

5) **1부동산 1등기기록주의를 준수할 것**(이중등기의 문제)

표제부 이중등기는 실체관계에 부합하는 등기가 우선
① 소유권보존등기 명의인이 동일하면 **언제나** 선 등기가 유효
② 소유권보존등기 명의인이 다른 경우에는 **선 등기가 원인무효가 아닌 한**, 선 등기가 유효

⑵ **실질적 유효요건**(등기가 물권행위와 부합해야 하는 요건)

1) 등기명의인이 허무인이 아닐 것

2) 등기에 부합하는 부동산이 존재할 것

3) 등기에 부합하는 물권행위가 존재할 것

① 질적 불일치 : 등기의 주체·객체·권리의 종류가 다르면 무효이다.

② 양적 불일치의 문제

> ㉠ 등기된 양이 물권행위의 양보다 많으면 ⇨ 물권행위 한도 내에서 유효
> ㉡ 등기된 양이 물권행위의 양보다 적으면 ⇨ 일부무효의 법리에 따른다.
>
> | 일부무효의 법리 | 원칙 : 전부 무효 |
> |---|---|
> | | 예외 : 무효를 제외한 나머지부분 유효 |

③ 실제와 다른 등기원인에 의한 등기

㉠ 증여를 매매로 한 소유권이전등기 ㉡ 법률행위가 무효·취소·해제되어 물권이 복귀하는 경우에 이를 말소하지 않고 다시 이전등기를 한 경우 ㉢ 위조된 등기신청서류에 의한 등기 ⇨ 등기와 실체관계가 부합하면 유효(판례)

④ 중간생략등기 등

유 형	ⓐ 최초의 양도인으로부터 중간취득자에의 등기를 생략하고 직접 최후의 양수인에게 이전하는 경우
	ⓑ 미등기부동산의 양수인이 직접 그의 명의로 보존등기를 하는 경우 (모두생략등기) 등
유효성	특별법상의 처벌은 별론으로 하고, 실행된 등기가 실체관계에 부합하면 당사자간 합의가 없더라도 유효하다고 본다(판례).
	▶ 부동산등기특별조치법상의 중간생략금지규정은 단속규정.
	▶ 토지거래허가지역의 허가제는 효력규정. 따라서 이에 위반한 중간생략등기는 무효라고 본다.

> ▶ 중간생략등기의 허용
> ① 건물을 건축한 자가 대지사용권을 가지고 있는 경우에 대지권에 관한 등기를 하지 아니하고 구분건물에 관하여만 소유권이전등기를 마쳤을 때에는 현재의 구분소유자와 공동으로 대지사용권에 관한 이전등기를 신청할 수 있다.
> ② 이때 대지사용권이전등기는 중간취득자에의 이전등기를 생략하고, 대지권등기는 현재의 구분건물의 소유자에게로 신청한다.

⑤ 무효등기의 유용 : 등기원인의 부존재·무효·취소로 무효인 등기가 후에 그 등기와 상응한 등기원인이 생긴 경우에 종전등기를 유용하는 것.

> ▶ 등기부상 이해관계인 없는 한 유효하다. + 표제부등기의 유용은 인정하지 않는다.

> ★ 멸실된 건물의 보존등기를 멸실 후에 재축한 건물의 보존등기로는 유용할 수 없다(판례).

> ▶ 표제부에는 인정되지 않고 갑구·을구(권리의 등기)에만 인정되는 것
> ① 무효등기의 유용 ② 등기의 추정력 ③ 가등기 ④ 부기등기

📖 **넓혀보기**

1. 건물이라 함은 토지에 정착성, 외부공기와 차단성 및 계속성 등을 등기관이 종합적으로 판단해서 정한다.

2. 하천법상 하천에 대하여는 소유권, 저당권, 권리질권의 설정, 보존, 이전, 처분의 제한 또는 소멸에 대하여 이를 할 수 있으며 위 권리의 가등기도 할 수 있다.

3. 공유지분도 등기의 대상이나, 지분에 대하여 저당권설정등기를 할 수 있으나 지분에 대하여 용익물권(전세권등)을 설정할 수 없다.

📖 **CHECKPOINT**

1. 개방형축사는 소의 질병을 예방하고 통기성을 확보할 수 있도록 둘레에 벽을 갖추지 아니하고 소를 사육하는 용도로 사용할 수 있는 건축물로 ① 토지에 견고하게 정착되어 있고 ② 소를 사용할 용도로 계속 사용할 수 있고 ③ 지붕과 견고한 구조를 갖추고 있으며(벽은 없어도 무방함에 주의) ④ 건축물대장에 축사로 등록되어 있고 ⑤ 연면적이 100㎡를 초과하는 경우에는 등기할 수 있다.

2. 특약사항 중 등기할 수 있는 것
   ① 환매특약
   ② 권리소멸의 약정
   ③ 전세권의 양도 또는 담보제공의 금지약정 단, 지상권의 양도 및 담보제공금지약정은 등기할 수 없다.
   ④ 공유물 분할금지의 약정
   ⑤ 구분지상권등기에서 토지사용의 제한
   ⑥ 저당권의 효력이 부합물 및 종물에 미치지 않는다는 약정

Chapter 02 등기소와 장부

• 등기소와 등기부

제1절 등기소

		내 용	비 고
등기소		등기소란 등기사무를 담당하는 국가기관을 말한다.	명칭과 상관없음
관 할	1. 의의	부동산의 소재지 지방법원 등기과 또는 등기소	사람소재지 ×
	2. 지정	부동산이 여러 등기소의 관할구역에 걸쳐 있는 경우	상급법원장
	3. 위임	등기사무 처리의 편의(교통사정 등)를 위함	대법원장
	4. 변경	어느 부동산의 소재지(행정구역의 명칭변경)가 다른 등기소의 관할로 변경된 경우	대법원장
등기사무의 정지		등기소에 등기사무를 정지하여야 하는 사유가 발생하는 경우	대법원장

제2절 등기관

		내 용
등기관	1. 의의	지방법원장 또는 지원장의 지정을 받아 등기사무를 처리하는 국가 공무원
	2. 지정	등기소에 근무하는 법원서기관, 등기사무관, 등기주사, 등기주사보 중에서 지방법원장이 지정한다.
	3. 업무처리 제한	등기관은 자기(등기관자신), 배우자, 또는 4촌이내의 자가 등기신청인인 때에는 그 등기소에서 소유권등기를 한 성년자 2인의 참여가 없으면 등기를 처리할 수 없다.
	4. 책임	등기사무를 집행함으로 인하여 타인에게 손해를 끼친 경우 국가가 그 손해를 배상하여야 한다.

제3절 등기부

1. **등기부** : 등기부는 토지등기부와 건물등기부로 구분한다(법 제14조 ①항).

   ※ 등기기록이란, 1필의 토지 또는 1개의 건물에 관한 등기정보자료를 말한다.

   > **제2조(정의)**
   >
   > 이 법에서 사용하는 용어의 뜻은 다음과 같다.
   >   1. "등기부"란 전산정보처리조직에 의하여 입력·처리된 등기정보자료를 대법원규칙으로 정하는 바에 따라 편성한 것을 말한다.
   >   2. "등기부부본자료"(登記簿副本資料)란 등기부와 동일한 내용으로 보조기억장치에 기록된 자료를 말한다.
   >   3. "등기기록"이란 1필의 토지 또는 1개의 건물에 관한 등기정보자료를 말한다.
   >   4. "등기필정보"(登記畢情報)란 등기부에 새로운 권리자가 기록되는 경우에 그 권리자를 확인하기 위하여 제11조제1항에 따른 등기관이 작성한 정보를 말한다. (부동산등기법 제2조)

2. **등기부의 양식**

(1) **일반등기부**(토지, 건물등기부)

   > **제14조(등기부의 종류 등)**
   >
   > ① 등기부는 토지등기부(土地登記簿)와 건물등기부(建物登記簿)로 구분한다.
   > ② 등기부는 영구(永久)히 보존하여야 한다.
   > ③ 등기부는 대법원규칙으로 정하는 장소에 보관·관리하여야 하며, 전쟁·천재지변이나 그 밖에 이에 준하는 사태를 피하기 위한 경우 외에는 그 장소 밖으로 옮기지 못한다.
   > ④ 등기부의 부속서류는 전쟁·천재지변이나 그 밖에 이에 준하는 사태를 피하기 위한 경우 외에는 등기소 밖으로 옮기지 못한다. 다만, 신청서나 그 밖의 부속서류에 대하여는 법원의 명령 또는 촉탁(囑託)이 있거나 법관이 발부한 영장에 의하여 압수하는 경우에는 그러하지 아니하다.(부동산등기법 제14조)

1) **부동산의 고유번호**

   등기기록을 새로 개설할 때에는 1필의 토지 또는 1개의 건물마다 부동산고유번호를 부여하고 이를 등기기록에 기록하여야 한다. 또한 구분건물에 대하여는 전유부분마다 부동산고유번호를 부여한다.

2) 표제부

부동산의 표시에 관한 사항을 표제부에 기록하며, 토지등기부의 표제부에는 표시번호란, 접수란, 소재지번란, 지목란 면적란, 등기원인 및 기타 사항란을 두고, 건물등기부의 표제부에는 표시번호란, 접수란, 소재, 지번, 건물번호란, 건물내역란, 등기원인 및 기타사항란을 둔다.

🏠 **토지, 건물등기기록의 표제부 기록사항**

〈토지등기기록〉

등기관은 토지등기기록의 표제부에 다음 각호의 사항을 기록하여야 한다.

1. 표시번호
2. 접수연원일
3. 소재와 지번
4. 지목
5. 면적
6. 등기원인 및 기타 사항

〈건물등기기록〉

등기관은 건물 등기기록의 표제부에 다음 각호의 사항을 기록하여야한다.

1. 표시번호
2. 접수연월일
3. 소재, 지번, 도로명주소 및 건물번호
4. 건물의 종류, 구조와 면적. 부속건물이 있는 경우에는 부속건물의 종류, 구조와 면적도 함께 기록한다.
5. 등기원인 및 기타 사항
6. 도면의 번호

※ 표제부에는 접수번호를 기록하지 않는다.

※ 표제부에는 등기목적을 기록하지 않는다.

※ 건물등기기록의 표제부에 같은 지번 위에 1개의 건물만 있는 경우에는 건물번호를 기록하지 않는다.

※ 부속건물의 소재, 지번은 기록하지 않는다.

3) 갑구

소유권에 관한 사항을 기록하며 순위번호란, 등기목적란, 접수란, 등기원인란, 권리자 기타사항란이 있다.

🏠 **토지, 건물등기의 갑구, 을구 공통기록사항**

〈등기기록의 갑구, 을구〉
1. 순위번호
2. 등기목적
3. 접수연월일 및 접수번호
4. 등기원인 및 그 연 월 일

※ 갑구(소유권 및 소유권에 관한사항)에 기록되는 것들
    ① 소유권보존, 이전, 변경의 등기
    ② 소유권에 대한 처분의 제한등기(가압류, 가처분의 등기)
    ③ 소유권이전의 가등기
    ④ 소유권에 대한 강제경매개시결정의 등기
    ⑤ 소유권의 소멸에 관한 약정
    ⑥ 환매특약의 등기

4) 을 구

소유권 이외의 권리를 기록하며, 순위번호란, 등기목적란, 접수란, 등기원인란, 권리자 및 기타사항이 있다.

※ 을구(소유권이외권리 및 소유권 외에 관한 사항)
    ① 지상권, 지역권, 전세권, 근저당권 등의 설정, 이전, 변경, 말소의 등기 등
    ② 지상권, 지역권, 전세권, 근저당권 등의 처분의 제한등기(가압류, 가처분)
    ③ 지상권, 지역권, 전세권, 근저당권 등의 가등기
    ④ 지상권, 지역권, 전세권, 근저당권 등의 경매개시결정의 등기
    ⑤ 소유권 이외 권리의 소멸에 관한 약정

⑵ 구분건물의 등기부

1) 1동 건물의 표제부

    ① 1동 건물의 표시란의 기록사항: 신청서 접수일, 건물의 소재,지번 도로명 주소 종류, 구조, 면적과 수개의 건물이 있는 경우 그 번호, 명칭이 있는 경우 그 명칭과 도면의 번호를 기록한다.
    ② 대지권의 목적인 토지의 표시란의 기록사항: 대지권의 목적인 토지의 일련번호, 토지의 소재, 지번, 지목, 면적, 등기연월일(등기실행일)

2) 전유부분의 표제부

① 전유부분의 건물의 표시란의 기록사항: 신청서접수일, 건물의 구조, 면적과 도면 번호를 기록한다.

② 대지권의 표시란의 기록사항: 대지권의 목적인 토지의 일련번호, 대지권의 종류, 비율(대지권의 표시), 등기원인 및 그 연월일, 등기연월일(등기실행일)

※ 전유부분의 표제부에는 소재, 지번을 기록하지 않는다.

※ 대지권의 종류, 비율은 1동건물표제부에 기록되는 것이 아니라 전유부분의 표제부(대지권의 표시란)에 기록된다.

※ 대지권 뜻의 등기는 토지 등기기록 갑구 또는 을구에 기록된다.

3. 폐쇄등기부

(1) 의 의

등기관이 등기기록에 등기된 사항을 새로운 등기기록에 옮겨 기록한 때에는 종전 등기기록을 폐쇄하여야 한다(법 제20조 제①항).

(2) 폐쇄사유

① 등기부가 전환된 때: 카드식등기부(종이등기부) ⇨ 전산등기부

② 기록사항이 과다한 때: 등기관이 등기기록에 등기된 사항을 새로운 등기기록에 옮겨 기록한때에는 종전 등기기록을 폐쇄

③ 소유권보존등기가 말소된 때

④ 토지의 합필의 등기를 한 때: A토지를 B토지에 합병되어 합필의 등기가 된 경우에는 A토지의 등기기록을 폐쇄

⑤ 건물합병의 등기를 한 때: A건물을 B건물에 합병되어 합필의 등기가 된 경우에는 A건물의 등기기록을 폐쇄

⑥ 비구분건물이 구분건물로 된 때

⑦ 부동산멸실등기를 한 때

(3) 폐쇄등기부의 관리 및 보존

폐쇄등기부는 등기정보중앙관리소에 보존, 관리하며 폐쇄한 등기기록도 영구히 보존하여야 한다.

(4) 폐쇄등기부의 효력

폐쇄등기부상의 등기는 현재 효력이 없는 등기이다.

다만, 폐쇄된 등기기록이 부활되는 경우 ⇨ 대장이 말소된 사실이 없음에도 불구하고 등기기록이 폐쇄된 경우, 대장상 합병된 사실이 없음에도 불구하고 합필의 등기가 되어 등기기록이 폐쇄된 경우에는 등기관의 직권 또는 신청인의 신청에 의하여 등기기록이 부활된다.

4. 등기신청접수장

등기신청의 접수번호를 기록하는 장부를 말하며, 접수장에는 등기의목적, 신청인의
성명 또는 명칭, 접수연월일과 접수번호, 부동산의 개수, 등기신청수수료 등을 적는다.

5. 도면

토지의 특정 일부에 관하여 용익물권을 신청하고자 하는 경우에는 도면을 제출하여
야 한다.

6. 공동담보목록

근저당권(저당권),전세권의 목적 부동산이 5개 이상일 때에는 공동담보목을 작성하
여야 한다.

제4절 ▶ 장부의 보존

1. 영구보존장부

등기부, 폐쇄등기기록, 신탁원부, 공동담보(전세)목록, 도면, 매매목록은 영구히 보
존한다.

2. 10년 보존장부

결정원본편철장, 이의신청서류편철장, 사용자등록신청서류편철장

3. 5년 보존장부

등기신청접수장

4. 장부의 폐기

보존기간이 종료된 장부는 지방법원장의 인가를 받아 보존기간이 종료되는 해의 다
음 해 3월말까지 폐기한다.

제5절 등기부 이동금지

제14조(등기부의 종류 등)
③ 등기부는 대법원규칙으로 정하는 장소에 보관·관리하여야 하며, 전쟁·천재지변이나 그 밖에 이에 준하는 사태를 피하기 위한 경우 외에는 그 장소 밖으로 옮기지 못한다(부동산등기법 제14조 제3항).

제14조(등기부의 종류 등)
④ 등기부의 부속서류는 전쟁·천재지변이나 그 밖에 이에 준하는 사태를 피하기 위한 경우 외에는 등기소 밖으로 옮기지 못한다. 다만, 신청서나 그 밖의 부속서류에 대하여는 법원의 명령 또는 촉탁(囑託)이 있거나 법관이 발부한 영장에 의하여 압수하는 경우에는 그러하지 아니하다(부동산등기법 제14조 제4항).

사 유 ＼ 종 류	등기부 등기부의 부속서류	신청서나 그 밖의 부속서류
전쟁, 천재지변, 그 밖에 이에 준하는 사태를 피하기 위한 경우 (법 제14조 제3항, 제4항)	가능○	가능○
법원의 명령 또는 촉탁이 있는 경우 (법 제14조 제4항 단서)	불가능×	가능○
법관이 발부한 압수영장에 의하여 수사기관이 압수할 수 있는지 여부 (등기예규 제1548호)	불가능×	가능○

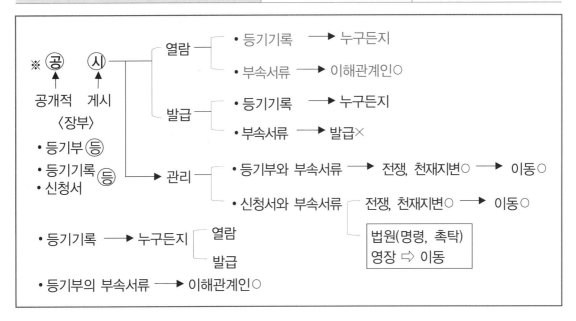

핵심지문

1. 등기사항증명서 발급신청시 매매목록은 그 신청이 있는 경우에만 등기사항증명서에 포함하여 발급한다.
2. 폐쇄한 등기기록에 대하여도 누구든지 수수료를 내고 등기사항의 전부 또는 일부의 열람과 이를 증명하는 등기사항증명서의 발급을 청구할 수 있다.
3. 신청서나 그 밖의 부속서류에 대하여는 전쟁·천재지변이나 그 밖에 이에 준하는 사태를 피하기 위한 경우 또는 법원의 명령·촉탁이 있거나 법관이 발부한 영장에 의하여 압수하는 경우에는 등기소 밖으로 옮길 수 있다.
4. 등기부나 등기부 부속서류는 전쟁·천재지변이나 그 밖에 이에 준하는 사태를 피하기 위한 경우 외에는 등기소 밖으로 옮기지 못한다.

📖 넓혀보기

제2조(정의) 이 법에서 사용하는 용어의 뜻은 다음과 같다.
1. "등기부"란 전산정보처리조직에 의하여 입력·처리된 등기정보자료를 대법원규칙으로 정하는 바에따라 편성한 것을 말한다.
2. "등기부부본자료"(登記簿副本資料)란 등기부와 동일한 내용으로 보조기억장치에 기록된 자료를 말한다.
3. "등기기록"이란 1필의 토지 또는 1개의 건물에 관한 등기정보자료를 말한다.
4. "등기필정보"(登記畢情報)란 등기부에 새로운 권리자가 기록되는 경우에 그 권리자를 확인하기 위하여 제11조제1항에 따른 등기관이 작성한 정보를 말한다.

제6조(등기신청의 접수시기 및 등기의 효력발생시기) ① 등기신청은 대법원규칙으로 정하는 등기신청정보가 전산정보처리조직에 저장된 때 접수된 것으로 본다.
② 제11조 제1항에 따른 등기관이 등기를 마친 경우 그 등기는 접수한 때부터 효력을 발생한다.

📖 CHECKPOINT

1. 부동산 중 등기의 대상이 되는 것은 토지와 건물임으로 토지, 건물이 아닌 것을 대상으로 하는 입목등기, 선박등기, 법인등기, 부부재산약정등기는 부동산등기법상의 등기의 대상이 아니다.

2. 등기는 법률행위에 의한 부동산물권변동의 효력발생요건이며, 법률규정에 의한 부동산물권변동의 처분요건이다.

3. 우리나라는 부동산을 중심으로 등기부를 편성하는 물적편성주의를 취하고 있는데, 1부동산 1등기기록주의에 예외를 인정하고 1동의 건물을 구분한 건물에 있어서는 1동의 건물에 속하는 전부에 대하여 1개의 등기 기록을 사용하고 있다.

4. 출석신청주의, 서면신청주의는 우리나라 등기제도의 특징이 아니다.

5. 토지등기부에는 분필등기가 되어 있지만 토지대장에는 분할등록 되어 있지 않은 경우에는 그 분필등기는 무효이다.

6. 법령에 규정이 있는 경우에만 부기등기할 수 있다.

   ㉠ 등기명의인표시의 변경, 경정의 등기

   ㉡ 소유권이외의 권리의 이전등기

   ㉢ 소유권이외의 권리를 목적으로 하는 등기

   ㉣ 소유권이외의 권리에 대한 처분의 제한등기

   ㉤ 권리의 변경, 경정등기. 단, 등기부상이해관계인이 있는 제3자가 있는 경우에는 그러하지 아니하다.

   ㉥ 환매특약의 등기

   ㉦ 권리소멸의 약정등기

   ㉧ 공유물분할금지의 약정등기

7. 환매권의 이전등기, 전세권부저당권의 이전등기, 저당권부권리질권의 이전등기는 부기등기에 대하여 부기등기로 실행한다.

8. 상속등기를 생략하고 피상속인으로부터 바로 양수인 앞으로 소유권이전 등기를 하였다 하더라도 그 등기는 유효하다.

9. 실체적유효요건을 추완(追完)한 등기는 유효이다.

10. 부동산등기법 제29조 1호, 2호에 해당하는 등기는 당연무효이고, 직권말소의 대상이다.

대지권등기	신청	건물등기부 표제부	주등기
대지권인 취지의 등기	직권	**토지**등기부 해당구 사항란	주등기
건물만에 관한 취지의 등기	직권	건물등기부 해당구 사항란	**부기등기**
토지에 별도등기 있다는 취지의 등기	직권	**전유부분의 표제부**	주등기

등기부의 종류	발급 가능한 등기사항증명서의 종류
전산등기부	등기사항전부증명서(말소사항 포함) 등기사항전부증명서(현재 유효사항) 등기사항일부증명서(특정인 지분) 등기사항일부증명서(현재 소유현황) 등기사항일부증명서(지분취득 이력)
전산폐쇄등기부	측량성과의 관리

등기절차 일반

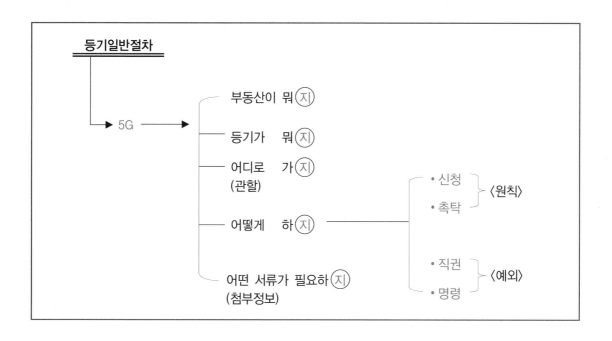

등기일반절차

형식적 심사주의

신청 → 접수 → 등기관심사 → 적법 → 등기수리 → 등기실행 → 등기완료후 절차(조치)

신청
1. 당사자
2. 대리인
3. 대위
  - 채권자
  - 구분건물
  - 신탁등기
  - 건물멸실
  - 토지수용
4. 포괄승계인의 신청

접수
1. 무조건 접수번호 부여
2. 동시에 접수 → 동일접수부
3. 접수장 1부만 둔다
4. 접수번호↑ 등기순위↑

〈부동산 등기법 29조〉

보정명령
〈등기권의 재량〉

각하 → 이의신청

등기완료후 절차(조치)
1. 등기필 정보
2. 소유자변경 통지
3. 과세자료 송부

1. 사건이 그 등기소의 관할이 아닌 경우
2. 사건이 등기할 것이 아닌 경우
3. 신청할 권한이 없는 자가 신청한 경우
4. 등기를 신청할 때에 당사자나 그 대리인이 출석하지 아니한 경우
5. 신청정보의 제공이 대법원규칙으로 정한 방식에 맞지 아니한 경우
6. 신청정보의 부동산 또는 등기의 목적인 권리의 표시가 등기기록과 일치하지 아니한 경우
7. 신청정보의 등기의무자의 표시가 등기기록과 일치하지 아니한 경우. 다만, 제27조에 따라 포괄승계인이 등기신청을 하는 경우는 제외한다.
8. 신청정보와 등기원인을 증명하는 정보가 일치하지 아니한 경우
9. 등기에 필요한 첨부정보를 제공하지 아니한 경우
10. 취득세(지방세법 제 20조의2에 따라 분할납부하는 경우에는 등기하기 이전에 분할납부하여야 할 금액을 말한다), 등록면허세(등록에 대한 등록면허세만 해당한다) 또는 수수료를 내지 아니하거나 등기신청과 관련하여 다른 법률에 따라 부과된 의무를 이행하지 아니한 경우
11. 신청정보 또는 등기기록의 부동산의 표시가 토지대장·임야대장 또는 건축물대장과 일치하지 아니한 경우

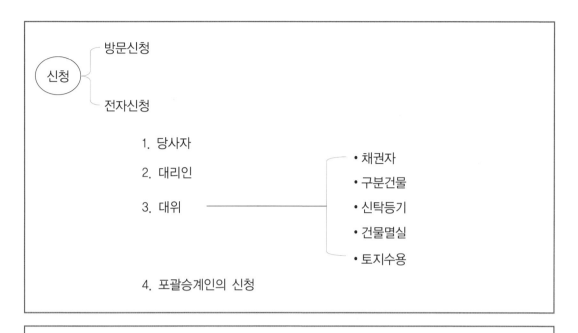

1. 실체법상 등기의무자 (요구를 들어주는 자)
2. 실체법상 등기권리자 (요구하는 자)
3. 절차법상 등기의무자 (등기가 실행되면 손해를 보는 자)
4. 절차법상 등기권리자 (등기가 실행되면 이익을 보는 자)
★ 실체법상 등기의무자 · 등기권리자와 절차법상 등기의무자 · 등기권리자는 대부분 일치한다.
★ 반드시 일치하지는 않는다.

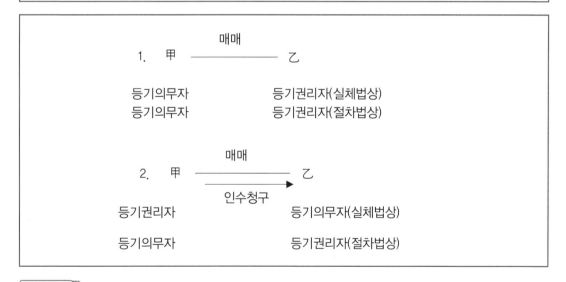

핵심지문

실체법상 등기권리자와 절차법상 등기권리자는 일치하지 않는 경우도 있다.

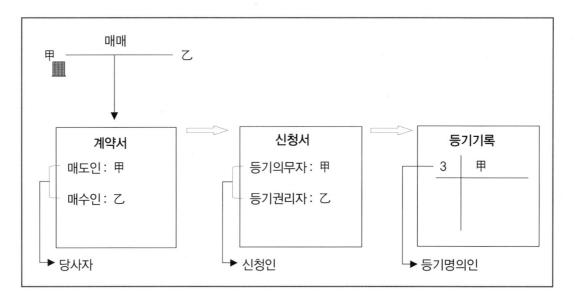

🏠 등기청구권 VS 등기신청권 구별

📖 **확인문제**

1. 등기신청인에 관한 설명 중 옳은 것을 모두 고른 것은? 제33회

ㄱ. 부동산표시의 변경이나 경정의 등기는 소유권의 등기명의인이 단독으로 신청한다.

ㄴ. 채권자가 채무자를 대위하여 등기신청을 하는 경우, 채무자가 등기신청인이 된다.

ㄷ. 대리인이 방문하여 등기신청을 대리하는 경우, 그 대리인은 행위능력자임을 요하지 않는다.

ㄹ. 부동산에 관한 근저당권설정등기의 말소등기를 함에 있어 근저당권 설정 후 소유권이 제3자에게 이전된 경우, 근저당권설정자 또는 제3취득자는 근저당권자와 공동으로 그 말소등기를 신청할 수 있다.

① ㄱ, ㄷ   ② ㄴ, ㄹ   ③ ㄱ, ㄷ, ㄹ

④ ㄴ, ㄷ, ㄹ   ⑤ ㄱ, ㄴ, ㄷ, ㄹ

정답 1. ③

제1절 등기의 절차(방법)

1. 원칙–신청주의

> 등기는 법률에 다른 규정이 있는 경우를 제외하고는 당사자의 신청 또는 관공서의 촉탁이 없으면 이를 하지 못한다.

(1) 당사자의 신청

등기는 당사자가 신청하는 것이 일반적이나, 상속인에 의한 신청·대위신청 등 제3자에 의한 신청도 가능하다.

(2) 관공서의 촉탁

> 1) 관공서가 권리관계의 당사자나 공권력의 주체일 때 촉탁등기가 이루어진다.
> ▶ 실무상 촉탁신청서에 의하므로 신청에 의한 등기의 한 모습으로 본다.
> 2) 촉탁등기의 예(例)
>
> > ① 경매 또는 공매처분으로 인한 소유권이전등기 및 말소등기
> > ② 체납처분으로 인한 압류등기 및 말소등기
> > ③ 행정구역 개편에 따른 지번변경에 의한 지번변경의 등기
> > ④ 처분제한의 등기(압류·가압류·가처분·경매 등)
> > ⑤ 관공서의 부동산에 관한 권리의 취득등기 및 소멸등기
> > ⑥ 국·공유부동산에 관한 권리의 등기

📖 확인문제

1. 등기의 촉탁에 관한 설명으로 틀린 것은? 제35회

① 관공서가 상속재산에 대해 체납처분으로 인한 압류등기를 촉탁하는 경우, 상속인을 갈음하여 상속으로 인한 권리이전의 등기를 함께 촉탁할 수 없다.

② 법원의 촉탁으로 실행되어야 할 등기가 신청된 경우, 등기관은 그 등기신청을 각하해야 한다.

③ 법원은 수탁자 해임의 재판을 한 경우, 지체 없이 신탁 원부 기록의 변경등기를 등기소에 촉탁하여야 한다.

④ 관공서가 등기를 촉탁하는 경우 우편으로 그 촉탁서를 제출할 수 있다.

⑤ 촉탁에 따른 등기절차는 법률에 다른 규정이 없는 경우에는 신청에 따른 등기에 관한 규정을 준용한다.

정답 1. ①

2. 예외-법률에 다른 규정이 있는 경우

(1) 등기관의 직권에 의한 등기

보존 등기	① 미등기부동산에 대한 소유권의 처분제한(가압류, 가처분, 경매신청)의 등기 촉탁시 직권보존등기 ② 미등기주택 및 상가에 대한 법원의 임차권등기명령에 의한 임차권 등기 촉탁시 직권보존등기
변경 등기	① 소유권이전등기를 신청함에 있어 주소증명서면에 의하여 주소변경사실이 명백한 경우의 등기명의인의 주소변경등기 ② 지적공부 지적소관청의 불부합통지에 의한 토지의 표시변경등기 ③ 행정구역이나 그 명칭이 변경된 경우의 부동산의 표시변경등기나 등기명의인의 주소변경등기
경정 등기	등기관의 실수로 인해 등기의 착오 또는 유루가 있는 때의 경정등기
말소 등기	① 관할위반의 등기와 등기할 사항이 아닌 경우의 등기(법 제29조 1·2호 위반) ② 등기사무 정지기간 중에 행하여진 등기 ③ 환매에 의한 권리취득등기 후의 환매특약등기 ④ 토지수용으로 인한 소유권이전등기시의 소유권 또는 소유권 이외의 권리(단, 수용되는 토지를 위한 지역권과 재결에 의해 존속이 인정된 권리는 제외) ⑤ 지상권(전세권)을 목적으로 하는 저당권이 있는 경우 그 지상권(전세권)을 말소한 경우의 저당권말소등기
말소 회복	① 가등기에 기한 본등기로 인해 직권말소된 등기는, 그 본등기를 말소한 때에는 직권으로 회복한다. ② 기타 직권말소된 등기의 회복
구분 건물	① 대지권인 취지의 등기 ② 건물만에 관한 취지의 등기 ③ (토지등기부에) 별도등기 있다는 취지의 등기
기 타	승역지의 등기기록에 지역권등기를 한 때에 요역지의 등기기록에 하는 지역권등기

(2) 법원의 명령에 의한 등기

1) 등기관의 처분에 대한 이의신청이 이유 있다고 인정되어 관할지방법원이 등기를 명령한 때

2) 이의신청에 대한 지방법원의 결정 전의 가등기명령 또는 부기등기명령

제2절 등기의 신청

1. 등기신청행위

(1) **의의**

신청인이 국가기관인 등기소에 대하여 일정한 등기사항을 등기해 줄 것을 요구하는 공법상의 행위

▶ 공법상 행위, 비송행위, 요식행위

(2) **등기신청행위의 요건**

1) 등기신청능력이 있어야 한다.

> ▶ 등기권리자는 행위능력을 요하지 않으나, 등기의무자는 행위능력이 있어야 한다.

2) 진의에 의한 신청이어야 한다.

3) 적법한 방식에 의해 신청하여야 한다.

(3) **등기신청의 당사자능력**(등기신청적격)

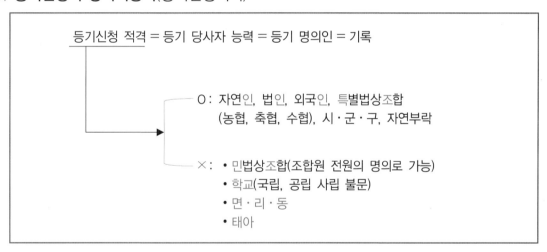

등기신청 적격 = 등기 당사자 능력 = 등기 명의인 = 기록

O : 자연인, 법인, 외국인, 특별법상조합
(농협, 축협, 수협), 시 · 군 · 구, 자연부락

× : • 민법상조합(조합원 전원의 명의로 가능)
• 학교(국립, 공립 사립 불문)
• 면 · 리 · 동
• 태아

핵심지문

1. 민법상 조합은 등기당사자능력이 없으므로, 조합의 명의로 등기를 신청할 수 없다.
2. 특별법상 조합은 사단의 성질을 가지므로 조합의 명의로 등기를 신청할 수 있다.
3. 지방자치단체는 법인으로서 등기당사자능력이 인정되므로, 지방자치단체의 명의로 등기를 신청할 수 있다.
4. 학교는 시설물에 불과하므로 등기당사자능력이 없다. 따라서 학교명의로는 등기를 신청할 수 없고, 그 설립주체의 명의로 등기를 신청하여야 한다.
5. 국립학교는 국가명의, 공립학교는 지방자치단체명의, 사립학교의 경우에는 설립재단명의로 등기를 신청하여야 한다.

2. 등기신청의 당사자

(1) 공동신청주의

1) 등기권리자와 등기의무자의 공동신청

① 현행 형식적 심사주의 하에서 등기신청의 진정성을 확보하기 위한 것이다.

② 절차법상의 등기권리자·의무자는 실체법상의 등기권리자·의무자와 반드시 일치하는 것은 아니다(등기인수청구권에 의한 등기신청).

2) 등기청구권

① 공동신청에 있어서 등기신청에 협력할 것을 청구하는 권리 ⇨ 따라서 단독신청의 경우에는 등기청구권이 문제되지 않는다.

② 등기의무자도 등기청구권을 행사할 수 있다. ⇨ 등기수취(인수)청구권

③ 등기청구권은 사권이고, 등기신청권은 공권이다.

(2) 단독신청(공동신청의 예외)

	내 용	비 고

진정성확보
〈판결〉
	• 원칙적으로 이행판결만 의미
	• 확정판결이어야 함
	• 승소한 ~~~ 단독신청 가능
	• 패소한 ~~~ 단독신청 불가능
	  ↳ 예외 : 공유물 분할판결은 패소한
	       원·피고에 상관없이 가능	

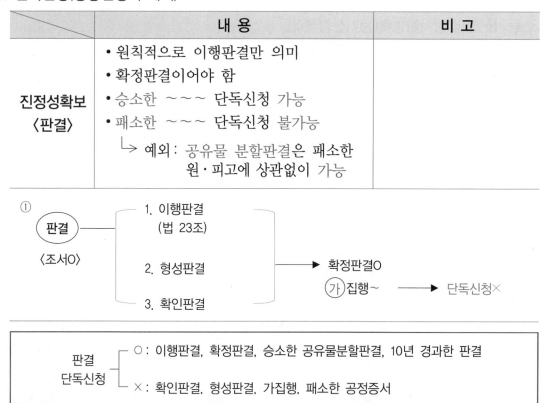

```
①                 1. 이행판결
      ┌─────────    (법 23조)
  판결 ─┤
      └─────────  2. 형성판결 ──────→ 확정판결O
  〈조서O〉                           (가)집행~ ──────→ 단독신청×
                  3. 확인판결
```

```
        ┌ ○ : 이행판결, 확정판결, 승소한 공유물분할판결, 10년 경과한 판결
판결 ───┤
단독신청  └ × : 확인판결, 형성판결. 가집행, 패소한 공정증서
```

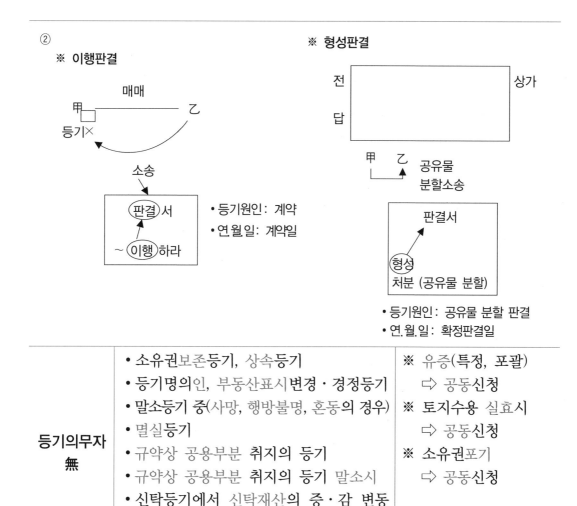

등기의무자 無	• 소유권보존등기, 상속등기 • 등기명의인, 부동산표시변경・경정등기 • 말소등기 중(사망, 행방불명, 혼동의 경우) • 멸실등기 • 규약상 공용부분 취지의 등기 • 규약상 공용부분 취지의 등기 말소시 • 신탁등기에서 신탁재산의 증・감 변동시 수탁자 단독(위탁자 배제) • 토지수용 ~~~ 단독신청	※ 유증(특정, 포괄) ⇨ 공동신청 ※ 토지수용 실효시 ⇨ 공동신청 ※ 소유권포기 ⇨ 공동신청

핵심지문

1. 승소한 등기권리자 또는 승소한 등기의무자는 단독으로 판결에 의한 등기신청을 할 수 있으나, 패소한 등기의무자는 그 판결에 기하여 직접 등기신청을 할 수 없다.
2. 공유물분할판결을 첨부하여 등기권리자가 단독으로 공유물분할을 원인으로 한 지분이전등기를 신청할 수 있다.
3. 승소한 등기권리자가 그 소송의 변론종결 후 사망하였다면, 상속인이 그 판결에 의해 직접 자기 명의로 등기를 신청할 수 있다.
4. 채권자 대위소송에서 채무자가 그 소송이 제기된 사실을 알았을 경우, 채무자도 채권자가 얻은 승소판결에 의하여 단독으로 그 등기를 신청할 수 있다.
5. 등기절차의 이행을 명하는 판결이 확정된 후, 10년이 지난 경우에도 그 판결에 의한 등기신청을 할 수 있다.

www.pmg.co.kr

1) 기타의 경우

> ⊙ 멸실등기와 멸실회복등기(단, 말소회복등기는 공동신청)
> ⓒ 등기된 권리가 어떤 자의 사망으로 소멸한 때에 하는 말소등기
> ⓒ 등기의무자 행방불명인 경우의 전세권·저당권의 말소등기
> ② 규약상 공용부분인 취지의 등기 및 그 말소등기
> ⑩ 가등기권리자가 가등기의무자의 승낙서 또는 가등기가처분명령의 정본을 첨부해서 신청하는 가등기
> ⑭ 가등기명의인의 가등기 말소(⇨ 소유권에 관한 가등기인 경우 인감증명을 첨부해야)
> ⊗ 등기상 이해관계인(가등기의무자 포함)이 가등기명의인의 승낙서 또는 그에 대항할 수 있는 재판등본을 첨부하여 하는 가등기의 말소

📖 확인문제

1. 등기권리자와 등기의무자가 공동으로 등기신청을 해야 하는 것은? (단, 판결 등 집행권원에 의한 등기신청은 제외함) 제35회
① 소유권보존등기의 말소등기를 신청하는 경우
② 법인의 합병으로 인한 포괄승계에 따른 등기를 신청하는 경우
③ 등기명의인표시의 경정등기를 신청하는 경우
④ 토지를 수용한 사업시행자가 수용으로 인한 소유권이전등기를 신청하는 경우
⑤ 변제로 인한 피담보채권의 소멸에 의해 근저당권설정등기의 말소등기를 신청하는 경우

정답 1. ⑤

⑶ **직권에 의한 등기와 촉탁에 의한 등기**

직권에 의한 등기	촉탁에 의한 등기

• 소유권 보존등기 <미등기 부동산에 법원 촉탁시>
 • 변경등기
   ① 소유권이전등기 신청시 등기명의인 표시변경등기
   ② 행정구역 또는 명칭 변경시 부동산 표시 변경등기
 • 경정등기 <등기관의 착오, 잘못이 있는 경우> 단, 등기부상 이해관계인 有 ⇨ 승낙서 첨부
 • 말소등기
   ① 등기법 29조 1호, 2호
   ② 가등기 ⇨ 본등기시 양립불가인 등기
   ③ 토지수용으로 인한 소유권이전등기시 前권리 말소(단, 지역권 존속)
   ④ 환매에 의한 권리 취득시, 환매특약의 등기
   ⑤ 권리소멸 약정에 의한 권리소멸시 권리소멸약정의 등기
   ⑥ 말소한 권리를 목적으로 하는 제3자의 권리에 관한 등기 말소
   ⑦ 대지권 취지(뜻)의 등기
	① 관공서가 등기의무자 또는 등기권리자로서 하는 등기
	 ② 처분의 제한등기 <법원>
	 ③ 경매개시결정의 등기 <법원>
	 ④ 임차권등기명령 <법원>
	 ⑤ 체납압류등기 <세무서장>

⑷ **제3자에 의한 등기신청**

1) **대리인에 의한 신청**

  ① 자격 : 누구든지(위임장) ⇨ 방문 신청인 경우

  ② 능력 : 의사능력○, 행위능력×

  ③ 대리권의 존속시기 : 등기신청시○, 등기완료시×

  ④ 대리권 흠결된 경우 : 실체관계와 부합 ⇨ 유효

  ⑤ 자기계약, 쌍방대리 허용 여부 : 가능. 단, 이해상반행위 금지

2) 대위신청

	내 용	비 고
채권자	① 채무자에게 유리한 경우 가능 ② 채무자에게 불리한 경우 불가능 ③ 중성적인 등기도 가능 ④ 채권자의 채권자도 가능 ⑤ 채권증서는 사문서이어도 무방	※ 채권자 대위신청 ⇨ 등기필정보 통지× ⇨ 등기완료통지○
구분건물	① 1동의 구분건물에서 일부만에 소유권 보존 등기 신청시, 나머지 부분 부동산 표시에 관한 등기까지 동시 신청 ② ①의 경우, 부동산 표시에 관한 등기 대위 가능 ③ 일반건물 有 ⇨ 구분건물 신축시 일반건물 ⇨ 구분건물로 하는 부동산 표시에 관한 등기까지 동시신청 ④ 위 ③의 경우, 일반건물 ⇨ 구분건물로 하는 부동산표시에 관한 등기 대위 가능	※ 소유권 보존등기 대위는 불가능
신탁등기	신탁재산의 증·감 변동시 수탁자 ⇨ 신탁등기×, 위탁자 or 수익자가 수탁자를 대위 가능	
건물멸실	건물 소유자와 토지 소유자가 동일하지 않은 경우에, 건물 멸실 후 건물 소유자가 1月내 멸실등기 ⇨ 신청× 토지소유자가 건물 소유자 대위 가능	※ 존재하지 않는 건물 ⇨ 멸실등기 지체없이
토지수용	부동산표시 변경 등기 등기명의인 표시변경 상속등기 등 모두 대위 가능	

🏠 대위신청 법조문

규칙 제50조(대위에 의한 등기신청)

법 제28조에 따라 등기를 신청하는 경우에는 다음 각 호의 사항을 신청정보의 내용으로 등기소에 제공하고, 대위원인을 증명하는 정보를 첨부정보로서 등기소에 제공하여야 한다.

1. 피대위자의 성명(또는 명칭), 주소(또는 사무소 소재지) 및 주민등록번호(또는 부동산등기용 등록번호)
2. 신청인이 대위자라는 뜻
3. 대위자의 성명(또는 명칭)과 주소(또는 사무소 소재지)
4. 대위원인

법 제46조(구분건물의 표시에 관한 등기)

① 1동의 건물에 속하는 구분건물 중 일부만에 관하여 소유권보존등기를 신청하는 경우에는 나머지 구분건물의 표시에 관한 등기를 동시에 신청하여야 한다.

② 제1항의 경우에 구분건물의 소유자는 1동에 속하는 다른 구분건물의 소유자를 대위하여 그 건물의 표시에 관한 등기를 신청할 수 있다.

③ 구분건물이 아닌 건물로 등기된 건물에 접속하여 구분건물을 신축한 경우에 그 신축건물의 소유권보존등기를 신청할 때에는 구분건물이 아닌 건물을 구분건물로 변경하는 건물의 표시변경등기를 동시에 신청하여야 한다. 이 경우 제2항을 준용한다.

법 제43조(멸실등기의 신청)

① 건물이 멸실된 경우에는 그 건물 소유권의 등기명의인은 그 사실이 있는 때부터 1개월 이내에 그 등기를 신청하여야 한다. 이 경우 제41조제2항을 준용한다.

② 제1항의 경우 그 소유권의 등기명의인이 1개월 이내에 멸실등기를 신청하지 아니하면 그 건물대지의 소유자가 건물 소유권의 등기명의인을 대위하여 그 등기를 신청할 수 있다.

③ 구분건물로서 그 건물이 속하는 1동 전부가 멸실된 경우에는 그 구분건물의 소유권의 등기명의인은 1동의 건물에 속하는 다른 구분건물의 소유권의 등기명의인을 대위하여 1동 전부에 대한 멸실등기를 신청할 수 있다.

법 제27조(포괄승계인에 의한 등기신청)

등기원인이 발생한 후에 등기권리자 또는 등기의무자에 대하여 상속이나 그 밖의 포괄승계가 있는 경우에는 상속인이나 그 밖의 포괄승계인이 그 등기를 신청할 수 있다.

📖 **확인문제**

1. 등기신청에 관한 설명으로 틀린 것은? (다툼이 있으면 판례에 따름) 제33회

① 상속인이 상속포기를 할 수 있는 기간 내에는 상속인의 채권자가 대위권을 행사하여 상속등기를 신청할 수 없다.

② 가등기를 마친 후에 가등기권자가 사망한 경우, 그 상속인은 상속등기를 할 필요 없이 상속을 증명하는 서면을 첨부하여 가등기의무자와 공동으로 본등기를 신청할 수 있다.

③ 건물이 멸실된 경우, 그 건물소유권의 등기명의인이 1개월 이내에 멸실등기신청을 하지 않으면 그 건물대지의 소유자가 그 건물소유권의 등기명의인을 대위하여 멸실등기를 신청할 수 있다.

④ 피상속인으로부터 그 소유의 부동산을 매수한 매수인이 등기신청을 하지 않고 있던 중 상속이 개시된 경우, 상속인은 신분을 증명할 수 있는 서류를 첨부하여 피상속인으로부터 바로 매수인 앞으로 소유권이전등기를 신청할 수 있다.

⑤ 1동의 건물에 속하는 구분건물 중 일부만에 관하여 소유권보존등기를 신청하면서 나머지 구분건물의 표시에 관한 등기를 동시에 신청하는 경우, 구분건물의 소유자는 1동에 속하는 다른 구분건물의 소유자를 대위하여 그 건물의 표시에 관한 등기를 신청할 수 있다.

2. 등기신청에 관한 설명으로 틀린 것은? 제34회

① 정지조건이 붙은 유증을 원인으로 소유권이전등기를 신청하는 경우, 조건성취를 증명하는 서면을 첨부하여야 한다.

② 사립대학이 부동산을 기증받은 경우, 학교 명의로 소유권이전등기를 할 수 있다.

③ 법무사는 매매계약에 따른 소유권이전등기를 매도인과 매수인 쌍방을 대리하여 신청할 수 있다.

④ 법인 아닌 사단인 종중이 건물을 매수한 경우, 종중의 대표자는 종중 명의로 소유권이전등기를 신청할 수 있다.

⑤ 채권자대위권에 의한 등기신청의 경우, 대위채권자는 채무자의 등기신청권을 자기의 이름으로 행사한다.

정답 1. ① 2. ②

⑸ **상속인에 의한 신청**

① 등기원인은 이미 존재하나 등기신청을 하지 않은 동안에 상속이 개시된 경우

② 상속인은 (상속등기생략) 직접 피상속인으로부터 상대방에로의 등기신청을, 상속을 증명하는 정보를 첨부하여 공동신청할 수 있다.

③ 이때 신청서상의 등기의무자와 등기부상의 등기명의인이 일치하지 않더라도 등기신청을 각하하지 않는다.

④ 피상속인이 등기권리자이든 등기의무자이든 상속인에 의한 등기는 상속등기를 생략한다.

구 분	상속등기	상속인에 의한 등기
신청형태	단독신청	공동신청
등기원인	상속	(피상속인이 생전에 한) 법률행위
등기원인일자	피상속인 사망일	법률행위일자
등기원인정보	제공○	제공○
등기필정보	제공×	제공○
인감증명	제공×	제공○

3. 전자신청

🏠 **전자신청**

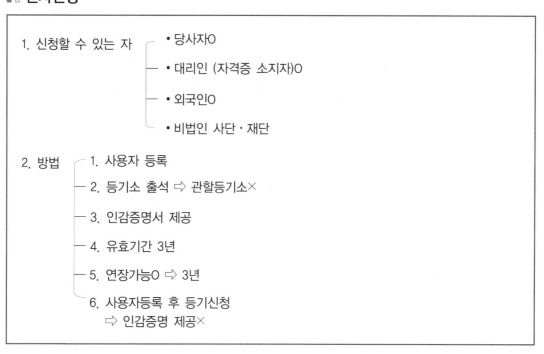

1. 신청할 수 있는 자
   - 당사자O
   - 대리인 (자격증 소지자)O
   - 외국인O
   - 비법인 사단 · 재단

2. 방법
   1. 사용자 등록
   2. 등기소 출석 ⇨ 관할등기소×
   3. 인감증명서 제공
   4. 유효기간 3년
   5. 연장가능O ⇨ 3년
   6. 사용자등록 후 등기신청
      ⇨ 인감증명 제공×

▶ **전자표준양식**(e-Form)

① 신청인이 등기소에 방문하여 등기를 신청하고자 하는 경우 등기소에 있는 전산정보처리조직에 신청정보를 입력하고, 그 입력한 신청정보를 서면으로 출력 받아서 등기신청을 할 수 있다.

② 신청인이 입력한 신청정보가 부동산등기시스템에 그대로 입력이 됨으로 전자신청과 유사한 형태이지만 입력한 정보를 종이로 출력하여 등기를 신청함으로 전자신청이 아니라 방문신청의 한 형태이다.

4. 등기신청의무

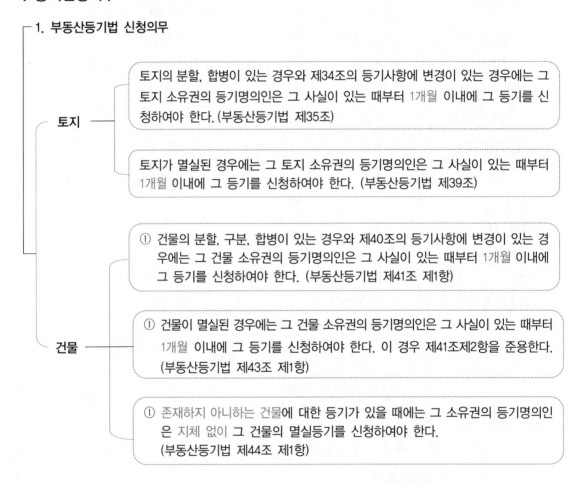

1. 부동산등기법 신청의무

토지

- 토지의 분할, 합병이 있는 경우와 제34조의 등기사항에 변경이 있는 경우에는 그 토지 소유권의 등기명의인은 그 사실이 있는 때부터 1개월 이내에 그 등기를 신청하여야 한다. (부동산등기법 제35조)

- 토지가 멸실된 경우에는 그 토지 소유권의 등기명의인은 그 사실이 있는 때부터 1개월 이내에 그 등기를 신청하여야 한다. (부동산등기법 제39조)

건물

- ① 건물의 분할, 구분, 합병이 있는 경우와 제40조의 등기사항에 변경이 있는 경우에는 그 건물 소유권의 등기명의인은 그 사실이 있는 때부터 1개월 이내에 그 등기를 신청하여야 한다. (부동산등기법 제41조 제1항)

- ① 건물이 멸실된 경우에는 그 건물 소유권의 등기명의인은 그 사실이 있는 때부터 1개월 이내에 그 등기를 신청하여야 한다. 이 경우 제41조제2항을 준용한다. (부동산등기법 제43조 제1항)

- ① 존재하지 아니하는 건물에 대한 등기가 있을 때에는 그 소유권의 등기명의인은 지체 없이 그 건물의 멸실등기를 신청하여야 한다. (부동산등기법 제44조 제1항)

2. 부동산등기 특별조치법상 신청의무

부동산소유권이전을 내용으로 하는 계약을 체결한 경우

① 당사자가 대가적인 채무를 부담하는 경우 반대급부의 이행이 완료된 날로부터 60일 이내에 소유권이전등기를 신청하여야 한다.

> ① 부동산의 소유권이전을 내용으로 하는 계약을 체결한 자는 다음 각호의 1에 정하여진 날부터 60일 이내에 소유권이전등기를 신청하여야 한다. 다만, 그 계약이 취소ㆍ해제 되거나 무효인 경우에는 그러하지 아니하다.
> 1. 계약의 당사자가 서로 대가적인 채무를 부담하는 경우에는 반대급부의 이행이 완료된 날
> 2. 계약당사자의 일방만이 채무를 부담하는 경우에는 그 계약의 효력이 발생한 날
> (부동산특별조치법 제2조 제1항)

② 당사자 일반만이 채무를 부담하는 경우
⇨ 그 계약의 효력이 발생한 날로부터 60일 이내에 소유권이전등기를 신청하여야 한다.

핵심지문

1. 반대급부 이행이 완료된 날이란, 계약서상의 잔금지급일을 의미하는 것이 아니라, 실제 자금이 지급된 날을 의미한다.
2. 법률규정에 의한 소유권이전(진정명의 회복)의 경우에는 소유권이전등기신청 의무를 부담하지 않는다.

제3절 등기신청에 필요한 정보

1. ⓢ청서
2. 등기ⓦ인을 증명하는 정보
3. 등기의무자의 등기ⓟ정보(등기필증)
4. 등기원인에 대하여 제3자의 ⓗ가, 동의 또는 승낙이 필요한 경우에는 이를 증명하는 정보
5. ⓓ리인에 의하여 등기를 신청하는 경우에는 그 권한을 증명하는 정보
6. 소유권이전등기를 신청하는 경우 ⓙ소를 증명하는 정보
7. 등기권리자의 부동산등기용ⓔ록번호를 증명하는 정보
8. 소유권이전등기를 신청하는 경우에는 토지ⓓ장·임야대장·건축물대장 정보나 그 밖에 부동산의 표시를 증명하는 정보
9. 대ⓦ신청를 하는 경우에는 대위원인을 증명하는 정보
10. 등기의무자의 ⓘ감증명서
11. 건물ⓓ면 또는 지적도

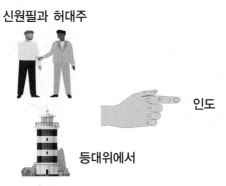

신원필과 허대주

인도

등대위에서

1. 등기신청정보 (등기신청서)

(1) **신청서** (신청인 또는 그 대리인이 등기소에 출석하여 신청정보 및 첨부정보를 적은 서면을 제출하는 방문신청인 경우에 한함)

1. 작성	신청인 또는 그 대리인이 기명날인하거나 서명
2. 장수	• 원칙: 1건 1신청정보를 제공 • 예외: 일괄신청허용(등기원인과 목적이 동일한 경우, 관할 등기소가 동일한 경우)
3. 등기신청서의 간인	신청서가 여러 장일 때에는 신청인 또는 그 대리인이 간인을 하여야 하고, 등기권리자 또는 등기의무자가 여러 명일 때에는 그 중 1인이 간인하는 방법으로 한다.
4. 등기신청서의 정정	신청인이 다수인 경우 신청서를 정정하기 위해서는 신청인 전원이 정정인을 날인하거나 서명하여야 한다.

(2) 필요적 기록사항

1) 필요적 기재사항	2) 임의적 기재사항
(1) 부동산의 표시 　① 토지: 소재, 지번, 지목, 면적 　② 건물: 소재, 지번, 도로명주소, 구조, 　　　종류, 면적 　　　수개의 건물이 있는 경우 ⇨ 건물의 　　　번호 　　　부속건물 ⇨ 구조, 종류, 면적 　③ 구분건물 　　　ㄱ. 1동의 건물: 소재, 지번, 도로 　　　　명주소, 건물명칭, 번호, 구조, 　　　　종류, 면적 　　　ㄴ. 전유부분: 번호, 구조, 면적 (2) 등기원인과 그 연·월·일 (3) 등기의 목적: 신청하는 등기의 내용 　또는 종류 (4) 신청인 　① 자연인: 성명, 주소, 주민등록번호 　　　(주민등록번호가 없는 경우 부동 　　　산등기용 등록번호) 　② 법인: 명칭, 사무소소재지, 부동 　　　산등기용등록번호 　③ 비법인 사단·재단: 명칭, 사무소 　　　소재지, 부동산등기용등록번호 　④ 대리인: 성명, 주소 　　　**(주민등록번호를 기재하지 않는다.)** 　　　단, 비법인 사단의 경우 대표자 또 　　　는 관리인의 성명, 주소, 주민등록 　　　번호 　⑤ 대위신청: 채권자, 채무자의 성명, 　　　명칭, 주소 또는 사무소와 대위 원인 　⑥ 등기권리자가 2인 이상인 경우: 　　　지분을 기록 (5) 등기필정보 　(부동산의 일련번호와 비밀번호 50개 　중 1개 선택)	임의적 기재사항은 필요적 기재사항과는 다르게 당사자간에 약정이 없으면 이를 신청서에 기재하지 아니하여도 상관없지만, 등기원인증서에 그러한 약정이 있는 경우에는 신청서에 반드시 기재하여야 하며 기재하지 않은 신청서는 부동산등기법 제29조 제5호 신청정보의 제공이 대법원규칙으로 정한 방식에 맞지 아니한 경우에 해당하여 등기신청을 각하한다. 🔒 임의적기재사항이 등기대상이 되는 것은 　법률의 규정이 있는 경우이다. 1) 각종의 ~ 기간 　(환매기간, 전세권존속기간 등) 2) 각종의 ~ 약정 　(권리소멸의 약정 등) 3) 각종의 ~ 특약 (환매특약 등) 4) 지상권에서의 지료 등

핵심지문

1. 매매목록
   ① 매매목록은 거래신고의 대상 부동산이 2개 이상인 경우에 작성하고, 그 매매목록에는 거래가액과 목적 부동산을 기록한다.
   ② 다만, 거래되는 부동산이 1개라 하더라도 여러 사람의 매도인과 여러 사람의 매수인 사이의 매매계약인 경우에는 매매목록을 작성한다.

📖 확인문제

1. 2022년에 체결된 「부동산 거래신고 등에 관한 법률」 제3조 제1항 제1호의 부동산 매매계약의 계약서를 등기원인증서로 하는 소유권이전등기에 관한 설명으로 틀린 것은? 제33회
① 신청인은 위 법률에 따라 신고한 거래가액을 신청정보의 내용으로 등기소에 제공해야 한다.
② 신청인은 시장·군수 또는 구청장이 제공한 거래계약신고필증정보를 첨부정보로서 등기소에 제공해야 한다.
③ 신고 관할관청이 같은 거래부동산이 2개 이상인 경우, 신청인은 매매목록을 첨부정보로서 등기소에 제공해야 한다.
④ 거래부동산이 1개라 하더라도 여러 명의 매도인과 여러 명의 매수인 사이의 매매계약인 경우에는 매매목록을 첨부정보로서 등기소에 제공해야 한다.
⑤ 등기관은 거래가액을 등기기록 중 갑구의 등기원인란에 기록하는 방법으로 등기한다.

2. 등기소에 제공해야 하는 부동산등기의 신청정보와 첨부정보에 관한 설명으로 틀린 것은?
① 등기원인을 증명하는 정보가 등기절차의 인수를 명하는 집행력 있는 판결인 경우, 승소한 등기의무자는 등기신청시 등기필정보를 제공할 필요가 없다.
② 대리인에 의하여 등기를 신청하는 경우, 신청정보의 내용으로 대리인의 성명과 주소를 제공해야 한다.
③ 매매를 원인으로 소유권이전등기를 신청하는 경우, 등기의무자의 주소 또는 사무소 소재지를 증명하는 정보를 제공해야 한다.
④ 등기상 이해관계 있는 제3자의 승낙이 필요한 경우, 이를 증명하는 정보 또는 이에 대항할 수 있는 재판이 있음을 증명하는 정보를 첨부정보로 제공해야 한다.
⑤ 첨부정보가 외국어로 작성된 경우에는 그 번역문을 붙여야 한다.

정답 1. ⑤ 2. ①

소유권이전등기신청(매매)

접 수	년 월 일	처 리 인	등기관 확인	각종 통지
	제 호			

부동산의 표시(거래신고관리번호/거래가액)				

거래신고관리번호 :   거래가액 :

등기원인과 그 연월일	년 월 일			
등 기 의 목 적	소 유 권 이 전			
이 전 할 지 분				
구분	성 명 (상호·명칭)	주민등록번호 (등기용등록번호)	주 소 (소 재 지)	지 분 (개인별)
등기 의무자				
등기 권리자				

시가표준액 및 국민주택채권매입금액		
부동산 표시	부동산별 시가표준액	부동산별 국민주택채권매입금액
1.	금 원	금 원
2.	금 원	금 원
국 민 주 택 채 권 매 입 총 액		금 원
국 민 주 택 채 권 발 행 번 호		

취득세(등록면허세) 금 원	지방교육세 금 원
	농어촌특별세 금 원

세 액 합 계	금 원
등 기 신 청 수 수 료	금 원
	납부번호 :
	일괄납부 : 건 원

등기의무자의 **등기필정보**

부동산고유번호		
성명(명칭)	일련번호	비밀번호

첨   부   서   면

• 매매계약서(전자수입인지첨부) 통	• 주민등록표초본(또는 등본) 각 통
• 취득세(등록면허세)영수필확인서 통	• 부동산거래계약신고필증 통
• 등기신청수수료 영수필확인서 통	• 매매목록 통
• 위임장 통	• 인감증명서나 본인서명사실확인서 또는
• 등기필증 통	전자본인서명확인서 발급증 통
• 토지·임야·건축물대장등본 각 통	• 자필서명정보(자격자 대리 시) 통
	〈기 타〉

년   월   일

위 신청인   ⑩ (전화 :   )
                                   ⑩ (전화 :   )
(또는)위 대리인   (전화 :   )
      지방법원   귀중

─ 신청서 작성요령 ─

＊ 1. 부동산표시란에 2개 이상의 부동산을 기재하는 경우에는 부동산의 일련번호를 기재하여야 합니다.
  2. 신청인란등 해당란에 기재할 여백이 없을 경우에는 별지를 이용합니다.
  3. 담당 등기관이 판단하여 위의 첨부서면 외에 추가적인 서면을 요구할 수 있습니다.

136 부동산공시법령

📖 확인문제

1. 매매를 원인으로 한 토지소유권이전등기를 신청하는 경우에 부동산등기규칙상 신청 정보의 내용으로 등기소에 제공해야 하는 사항으로 옳은 것은? 제33회
   ① 등기권리자의 등기필정보
   ② 토지의 표시에 관한 사항 중 면적
   ③ 토지의 표시에 관한 사항 중 표시번호
   ④ 신청인이 법인인 경우에 그 대표자의 주민등록번호
   ⑤ 대리인에 의하여 등기를 신청하는 경우에 그 대리인의 주민등록번호

정답 1. ②

2. 등기원인을 증명하는 정보(등기원인증서)

	내 용
① 소유권이전등기의 경우	• 매매계약서, 증여계약서, 공유물분할계약서, 명의신탁해지증서
② 가등기의 경우	• 매매예약서(매매계약서)
③ 근저당권등기의 경우	• 근저당권설정계약서
④ 말소등기의 경우	• 해제증서 • 해지증서
⑤ 수용의 경우	• 협의성립확인서 또는 재결서
⑥ 매각의 경우	• 매각허가결정정본
⑦ 판결의 경우	• 판결정본 단, 가집행 판결은 제외
⑧ 가압류 가처분의 경우	• 가압류 · 가처분결정정본
⑨ 상속의 경우	• 가족관계증명서 • 상속재산분할협의서 • 유언증서, 사인증여증서
⑩ 등기명의인표시변경등기의 경우	• 주민등록 등 · 초본
⑪ 부동산표시변경등기의 경우	• 토지대장 등본 • 건축물 관리대장 등본

3. 계약서 등의 검인 (부동산등기특별조치법의 특례)

등기원인증서 →	• 계약을 원인으로 • 소유권이전등기 신청 시 • 계약서 또는 판결서
〈검인〉	
○	• 매매·교환·증여계약서, 명의신탁 해지약정서, 공유물분할계약서 • 집행력있는 판결서, 확정판결과 동일한 효력이 있는 조서 (화해, 인낙, 조정조서) • 가등기에 기한 본등기 시 • 미등기건물에 대한 아파트 분양계약서 • 무허가건물
×	• 취득시효, 상속, 수용, 권리포기 등을 원인으로 한 소유권이전등기 신청시 • 소유권이전청구권보전의 가등기시 • 계약의 일방당사자가 국가 또는 지방자치단체인 경우 • 매각 또는 공매를 원인으로 한 소유권이전등기 • 국토의 계획 및 이용에 관한 법률 제 118조의 규정에 의하여 허가증을 교부받은 경우 • 소유권이전등기'말소'신청의 등기원인증서가 매매계약 해제 증서인 경우 • 진정명의회복을 원인으로 소유권이전등기 시

↓
검인계약서

★ 계약을 원인으로 소유권이전등기를 신청할 때에는 계약의 종류를 불문하고 검인을 받아야 한다.
★ **검인을 신청할 수 있는 자**
검인은 계약을 체결한 당사자 중 1인이나 그 위임을 받은 자, 계약서를 작성한 변호사와 법무사 및 중개업자가 신청할 수 있다.(부동산특조법규칙 제1조 제1항)
★ 사인(私人)간 토지소유권이전등기시 공유물분할합의, 양도담보계약, 명의신탁 해지약정을 원인으로 하는 경우 등기원인을 증명하는 서면에 검인을 받아야 한다.

핵심지문

1. 계약을 원인으로 한 소유권이전등기신청의 경우에 검인을 받아야 한다.
2. 부동산소재지 관할시장 등이 검인기관이다.
3. 검인신청인은 당사자 중 1인, 수임인, 계약서를 작성한 변호사, 법무사, 중개업자이다.
4. 검인신청을 받은 시장 등은 계약서의 기재사항에 관한 형식적심사를 하여야 한다.
5. 등기원인증명정보가 집행력 있는 판결서인 경우에도 소유권이전등기를 신청하는 경우에는 검인을 받아야 한다.

4. 등기의무자의 권리에 관한 등기필정보 또는 등기완료통지

등기필 정보	○	등기관이 등기권리자의 신청에 의하여 새로운 권리에 관한 등기를 하였을 때에는 등기필정보를 작성하여 등기권리자에게 통지하여야 한다. ① 부동산등기법 제2조 기타 법령에서 등기할 수 있는 권리로 규정하고 있는 권리를 보존, 설정, 이전하는 등기를 하는 경우 ② 위 ①의 권리의 설정 또는 이전청구권 보전을 위한 가등기를 하는 경우 ③ 권리자를 추가하는 경정 또는 변경등기(갑 단독소유를 갑, 을 공유로 경정하는 경우나 합유자가 추가되는 합유명의인 표시변경 등기 등)를 하는 경우
	×	① 부동산표시등기, 말소등기, 멸실등기 ② 등기명의인과 등기신청인이 다른 경우 　㉠ 채권자대위에 의한 등기 　㉡ 등기관의 직권에 의한 보존등기 　㉢ 승소한 등기의무자의 신청에 의한 등기 ③ 국가 또는 지방자치단체가 등기권리자인 경우
등기완료 통지	○	등기관이 등기를 마쳤을 때에는 대법원규칙으로 정하는 바에 따라 신청인 등에게 그 사실을 알려야 한다. ㉠ 등기신청인 ㉡ 승소한 등기의무자의 등기신청에 있어서 등기권리자 ㉢ 대위채권자의 등기신청에 있어서 등기권리자 ㉣ 직권보존등기에 있어서 등기명의인 ㉤ 등기필정보를 제공해야 하는 등기신청에서 등기필정보를 제공하지 않고 확인정보 등을 제공한 등기신청에 있어서 등기의무자 ㉥ 관공서의 등기촉탁에 있어서 그 관공서

핵심지문

1. 등기권리자가 등기필정보를 분실한 경우, 관할 등기소에 재교부를 신청할 수 없다.
2. 승소한 등기의무자가 단독으로 권리에 관한 등기를 신청하는 경우, 그의 등기필정보를 등기소에 제공해야 한다.

▶ 등기필정보를 분실한 경우의 등기방법

1. 등기의무자 또는 그 법정대리인이 등기소에 출석하여 등기관으로부터 등기의
   무자등임을 확인을 받은 경우

2. 등기신청인의 대리인(변호사나 법무사만을 말한다)이 등기의무자등으로부터
   위임받았음을 확인한 경우

3. 신청서(위임에 의한 대리인이 신청하는 경우에는 그 권한을 증명하는 서면을
   말한다) 중 등기의무자등의 작성부분에 관하여 공증을 받은 경우

📖 확인문제

1. 등기필정보에 관한 설명으로 옳은 것은? 제34회

① 등기필정보는 아라비아 숫자와 그 밖의 부호의 조합으로 이루어진 일련번호와
   비밀번호로 구성한다.

② 법정대리인이 등기를 신청하여 본인이 새로운 권리자가 된 경우, 등기필정보는
   특별한 사정이 없는 한 본인에게 통지된다.

③ 등기절차의 인수를 명하는 판결에 따라 승소한 등기의무자가 단독으로 등기를
   신청하는 경우, 등기필정보를 등기소에 제공할 필요가 없다.

④ 등기권리자의 채권자가 등기권리자를 대위하여 등기신청을 한 경우, 등기필정보
   는 그 대위채권자에게 통지된다.

⑤ 등기명의인의 포괄승계인은 등기필정보의 실효신고를 할 수 없다.

정답 1. ①

등기필정보 및 등기완료통지

권 리 자:	김갑동
(주민)등록번호:	451111-*******
주 소:	서울특별시 서초구 서초동 123-4
부동산고유번호:	1102-2006-002634
부 동 산 소 재:	[토지] 서울특별시 서초구 서초동 362-24
접 수 일 자:	○○○○년 ○월 ○○일 접 수 번 호: 9578
등 기 목 적:	소유권이전
등기원인및일자:	○○○○년 ○월 ○○일 매매

부착기준선 ┌

일련번호 : WTDI-UPRV-P6H1

비밀번호 (기재순서 : 순번-비밀번호)

01-7952	11-7072	21-2009	31-8842	41-3168
02-5790	12-7320	22-5102	32-1924	42-7064
03-1568	13-9724	23-1903	33-1690	43-4443
04-8861	14-8752	24-5554	34-3155	44-6994
05-1205	15-8608	25-7023	35-9695	45-2263
06-8893	16-5164	26-3856	36-6031	46-2140
07-5311	17-1538	27-2339	37-8569	47-3151
08-3481	18-3188	28-8119	38-9800	48-5318
09-7450	19-7312	29-1505	39-6977	49-1314
10-1176	20-1396	30-3488	40-6557	50-6459

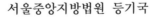

○○○○ 년 ○월 ○○일

서울중앙지방법원 등기국

※ 등기필정보 사용방법 및 주의사항

◆ 보안스티커 안에는 다음 번 등기신청시에 필요한 일련번호와 50개의 비밀번호가 기재되어 있습니다.

◆ 등기신청시 보안스티커를 떼어내고 일련번호와 비밀번호 1개를 임의로 선택하여 해당 순번과 함께 신청서에 기재하면 종래의 등기필증을 첨부한 것과 동일한 효력이 있으며, 등기필정보 및 등기완료 통지서면 자체를 첨부하는 것이 아님에 유의하시기 바랍니다.

◆ 따라서 등기신청시 등기필정보 및 등기완료통지서면을 거래상대방이나 대리인에게 줄 필요가 없고, 대리인에게 위임한 경우에는 일련번호와 비밀번호 50개 중 1개와 해당 순번만 알려주시면 됩니다.

☞ **등기필정보 및 등기완료통지서는 종래의 등기필증을 대신하여 발행된 것으로 분실시 재발급되지 아니하니 보관에 각별히 유의하시기 바랍니다.**

등 기 완 료 통 지 서

아래의 등기신청에 대해서 등기가 완료되었습니다.

신　　청　　인: 김갑동

(주민)등록번호 : 730305-*******

주　　　　　소 : 서울특별시 서초구 서초동 123-4

부동산고유번호 : 1102-2006-002634

부 동 산 소 재 : [토지] 서울특별시 서초구 서초동 362-24

접 수 일 자 : ○○○○년 ○월 ○○일

접 수 번 호 : 9578

등 기 목 적 : 소유권이전

등기원인및일자 : ○○○○년 ○월 ○○일

○○○○년 ○월 ○○일

서울중앙지방법원 등기국
등기관

5. 등기원인에 요구되는 제3자의 허가 · 동의 또는 승낙을 증명하는 정보

(1) 제3자의 허가 등 증명서류를 요하는 경우

> 1. 토지거래허가구역내 토지에 대하여 소유권, 지상권을 유상으로 취득하는 경우 시장, 군수, 구청장의 허가서
> 2. 농지의 소유권이전등기시 농지취득자격증명
> 3. 학교법인의 부동산처분시 주무관청의 허가서
> 4. 민법상 재단법인의 기본재산처분시 주무관청의 허가서
> 5. 전통사찰의 부동산처분시 문화체육관광부장관의 허가서
> 6. 향교재단법인의 부동산처분시 시 · 도지사의 허가서
> 7. 말소회복의 등기시 이해관계있는 제3자의 승낙서
> 8. 저당권의 목적인 지상권, 전세권말소등기시 저당권자의 승낙서
> 9. 미성년자의 부동산처분시 법정대리인의 동의서

(2) 인감증명의 제공

동의 · 승낙 등을 할 자가 관공서가 아닌 경우에는 동의서 · 승낙서와 함께 그의 인감 증명도 제공하여야 한다.

(3) 등기원인증서가 집행력 있는 판결 등인 경우

① 등기원인증서가 집행력 있는 판결(화해, 인낙조서 등 포함)인 때에는 사인(私人)의 승낙정보 등의 제공을 요하지 아니한다. 이는 판결과정에서 이미 허가 등의 유무가 확인되었기 때문이다. 다만 공익상의 이유로 등기원인에 대하여 관공서의 허가 등을 받을 것이 요구되는 때에는 그 판결서에 해당 허가서 등의 현존사실이 기록되어 있는 경우에 한하여 허가서 등의 제출을 요하지 아니한다.

② 소유권이전등기를 신청하는 경우에 등기원인에 대하여 행정관청의 허가 등이 요구되는 때에는 등기원인증서인 판결서에 해당 허가서 등의 현존사실이 기록되어 있는 경우에도 허가정보를 제공하여야 한다.

(4) 농지취득자격증명의 첨부

농지를 취득하고자 하는 자는 농지의 소재지를 관할하는 시장 · 구청장 또는 읍 · 면장으로부터 농지취득자격증명정보를 등기소에 제공하여야 한다.

① 농지취득자격증명이 필요한 농지

㉠ 농지법상의 농지는 지목이 전 · 답 또는 과수원 기타 그 법적 지목 여하에 불구하고 실제의 토지현상이 농작물의 경작 또는 다년생식물재배지로 이용되는 토지를 말한다(농지법 제2조 1호).

       ⓛ 등기원인이 무엇이든 간에 농지를 취득하고자 하는 자는 모두 원칙적으로 농지취득자격증명정보를 제공하여야 한다. 그러나 농지의 매매예약에 기한 가등기신청의 경우에는 농지취득자격증명정보를 제공할 필요가 없다. 또한 농지에 대한 저당권이나 지상권을 설정하는 것은 농지를 취득하는 것이 아니므로 농지취득자격증명정보가 필요치 않다.

   ② 농지취득자격증명제공이 필요하지 않은 경우 : 농지취득자격증명정보를 제공하지 아니하고 농지를 취득할 수 있는 경우는 다음과 같다(농지법 제8조 ② 단서 참조).

   ㉠ 국가나 지방자치단체가 농지를 취득하여 소유권이전등기를 신청하는 경우

   ㉡ 상속 및 포괄유증, 상속인에 대한 특정유증, 유루분 반환을 원인으로 소유권이전등기를 신청하는 경우

   ㉢ 취득시효완성, 공유물분할, 진정명의회복, 농업법인의 합병을 원인으로 하여 소유권이전등기를 신청하는 경우

   ㉣ 「공익사업을 위한 토지 등의 취득 및 보상에 관한 법률」에 의한 수용 및 협의취득을 원인으로 하여 소유권이전등기를 신청하는 경우

   ㉤ 도시지역의 농지에 대한 소유권이전등기신청서에는 원칙적으로 농지취득자격증명을 첨부할 필요가 없다. 다만, 도시지역 중 녹지지역 안의 농지로서 도시계획시설사업에 필요하지 아니한 농지에 대하여는 소유권이전등기신청서에 농지취득자격증명을 첨부하여야 한다.

   ㉥ 농지전용협의를 완료한 농지를 취득하여 소유권이전등기를 신청하는 경우와 허가구역 안의 농지로서 토지거래계약 허가를 받은 농지에 대하여 소유권이전등기를 신청하는 경우

   ㉦ 농지법 제12조 제1항 제1호 내지 제6호에 해당하는 저당권자가 농지저당권의 실행으로 인한 경매절차에서 매수인이 없어 농지법 제12조 제1항에 의하여 스스로 그 경매절차에서 담보농지를 취득한 경우

   ㉧ 한국농촌공사가 법정요건에 따라 농지를 취득하는 경우

   ㉨ 토지의 현상이 농작물의 경작 또는 다년생식물재배지로 이용되지 않음이 관할관청이 발급하는 서면에 의하여 증명되는 토지에 관하여 소유권이전등기를 신청하는 경우

   ㉩ 토지거래계약허가를 받아 농지에 대한 소유권이전등기를 신청하는 경우

---

(5) 학교법인의 부동산의 처분

① 학교법인이 그 소유 명의의 부동산에 관하여 매도, 증여, 교환 그 밖의 처분행위를 하거나 또는 근저당권 등의 제한물권 또는 임차권의 설정행위를 하고자 할 때에는 관할청의 허가를 받아야 한다.

② 학교교육에 직접 사용되는 재산을 매도 또는 담보로 제공하는 행위는 관할관청의 허가여부와 상관없이 할 수 없다.

(6) 민법상 재단법인의 기본재산의 처분

민법상 재단법인의 부동산에 관하여 매매, 증여, 교환, 그 밖의 처분행위를 원인으로 하는 소유권이전등기를 신청하는 경우에는 주무관청의 허가를 증명하는 정보를 제공하여야 한다.

다만, 당해 부동산이 재단법인의 기본재산이 아님을 소명하는 경우에는 그러하지 아니하다.

(7) 전통사찰의 부동산처분

전통사찰의 경내지 안에 있는 당해 사찰소유의 부동산을 대여, 양도 또는 담보의 제공을 하고자 할 때에는 문화체육관광부장관의 허가를 증명하는 정보를 제공하여야 한다.

(8) 외국인의 토지취득

외국인토지법은 외국인 등의 토지취득에 관하여 원칙적으로 신고제로 하면서도 외국인의 토지취득을 특별히 제한할 필요가 있는 다음과 같은 경우에 한하여 토지취득계약을 체결하기 전에 시장·군수 또는 구청장의 허가를 받도록 하고 있다. 외국인의 토지취득의 허가는 그 토지취득계약의 효력발생요건이다.

---

① 군사시설보호법 제2조 제2호의 규정에 의한 군사시설보호구역, 해군기지법 제3조의 규정에 의한 해군기지구역, 군용항공기지법 제2조 제9호 규정에 의한 기지보호구역 기타 국방목적을 위하여 외국인 등의 토지취득을 특별히 제한할 필요가 있는 지역으로서 대통령령으로 정한 지역

② 문화재보호법 제2조 제2항의 규정에 의한 지정문화재와 이를 위한 보호물 또는 보호구역

③ 자연환경보전법 제2조 제12호의 규정에 의한 생태계 보존지역

🏠 제3자 허가ㆍ동의 승낙정보

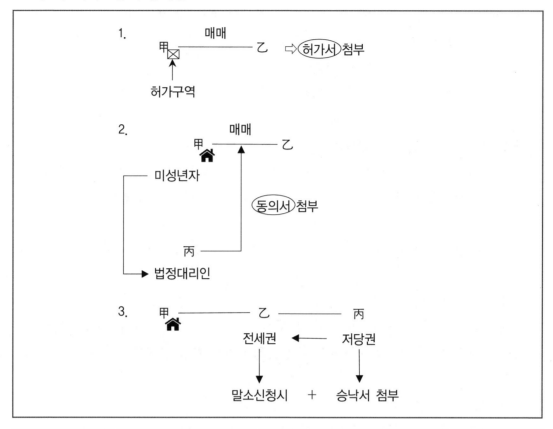

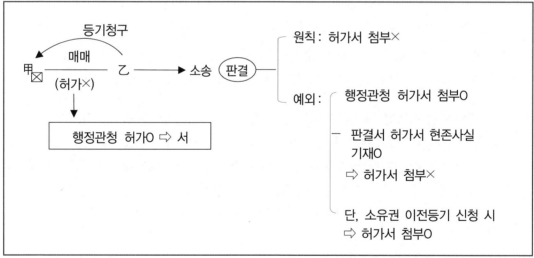

6. 대리권한을 증명하는 정보

대리인	권한 증명서면	신청서 기록사항	등기부 기록여부
임의대리인	위임장	성명, 주소	×
법정대리인	가족관계증명서	성명, 주소	×
법인 대표	법인등기사항 전부, 일부증명서	성명, 주소	×
비법인사단 · 재단의 대표자나 관리인	정관, 규약 기타 증명서면 (사원총회결의서)	성명, 주소, 주민등록번호	○

7. 신청인의 주소를 증명하는 정보 : 등기부에 등기권리자가 기록되는 경우 반드시 제공

주민등록등 · 초본	주소증명서면은 등기권리자의 주소가 새로이 등기기록에 기입 되는 경우에만 첨부한다. 단, 매매인 경우는 등기의무자, 등기 권리자 모두 제공해야 한다.	
	○	소유권이전등기, 근저당권설정등기시
	×	각종 권리의 말소등기 신청시

🔒 말소등기 신청시는 주소를 증명하는 정보를 제공할 필요가 없다.

8. 부동산등기용 등록번호를 증명하는 정보

> 1. 국가, 지방자치단체, 국제기관 및 외국정부의 등록번호는 국토교통부장관이 지정 · 고시한다.
> 2. 법인의 등록번호는 주된사무소 소재지 관할 등기소의 등기관이 부여한다.
> 3. 등기권리자가 법인아닌 사단 또는 재단인 경우 시장, 군수, 구청장이 부여한다.
> 4. 주민등록번호가 없는 재외국민은 대법원소재지 관할 등기소의 등기관이 부여한다.
> 5. 외국인에 대한 등록번호는 체류지(국내에 체류지가 없는 경우에는 대법원 소재지에 체류지가 있는 것으로 본다)를 관할하는 출입국관리사무소장(출장소장)이 부여한다.

9. 인감증명서 (소 · 가 · 필 · 분협 · 3)

> **규칙 제60조(인감증명의 제출)**
>
> ① 방문신청을 하는 경우에는 다음 각 호의 인감증명을 제출하여야 한다. 이 경우 해당 신청서(위임에 의한 대리인이 신청하는 경우에는 위임장을 말한다)나 첨부서면에는 그 인감을 날인하여야 한다.
>
> 1. ㉠유권의 등기명의인이 등기의무자로서 등기를 신청하는 경우 등기의무자의 인감증명
> 2. 소유권에 관한 가등기명의인이 가등기의 말소등기를 신청하는 경우 ㉮등기명의인의 인감증명
> 3. 소유권 외의 권리의 등기명의인이 등기의무자로서 등기㉶정보를 분실하여 등기를 신청하는 경우 등기의무자의 인감증명
> 4. ㉻의㉾할에 의한 상속등기를 신청하는 경우 상속인 전원의 인감증명
> 5. 등기신청서에 제3자의 동의 또는 승낙을 증명하는 서면을 첨부하는 경우 그 제③자의 인감증명
> 6. 법인 아닌 사단이나 재단의 등기신청에서 대법원예규로 정한 경우
>
> ② 인감증명을 제출하여야 하는 자가 다른 사람에게 권리의 처분권한을 수여한 경우에는 그 대리인의 인감증명을 함께 제출하여야 한다.
>
> ③ 인감증명을 제출하여야 하는 자가 국가 또는 지방자치단체인 경우에는 인감증명을 제출할 필요가 없다.
>
> ④ 해당하는 서면이 공정증서이거나 당사자가 서명 또는 날인하였다는 뜻의 공증인의 인증을 받은 서면인 경우에는 인감증명을 제출할 필요가 없다.

10. 도면

> **제121조(소유권보존등기의 신청)**
>
> ③ 건물의 소유권보존등기를 신청하는 경우에 그 대지 위에 여러 개의 건물이 있을 때에는 그 대지 위에 있는 건물의 소재도를 첨부정보로서 등기소에 제공하여야 한다. 다만, 건물의 표시를 증명하는 정보로서 건축물대장 정보를 등기소에 제공한 경우에는 그러하지 아니하다.
>
> ④ 구분건물에 대한 소유권보존등기를 신청하는 경우에는 1동의 건물의 소재도, 각 층의 평면도와 전유부분의 평면도를 첨부정보로서 등기소에 제공하여야 한다. 이 경우 제3항 단서를 준용한다.

> **제126조(지상권설정등기의 신청)**
> ② 지상권설정의 범위가 부동산의 (일부)인 경우에는 그 부분을 표시한 (지적도)를 첨부정보로서 등기소에 제공하여야 한다.

> **제128조(전세권설정등기의 신청)**
> ② 전세권설정 또는 전전세의 범위가 부동산의 (일부)인 경우에는 그 부분을 표시한 (지적도)나 건물(도면)을 첨부정보로서 등기소에 제공하여야 한다.

> **제130조(임차권설정등기의 신청)**
> ② 임차권설정 또는 임차물 전대의 범위가 부동산의 (일부)인 경우에는 그 부분을 표시한 지적도나 건물도면을 첨부정보로서 등기소에 제공하여야 한다.

11. 거래신고필증정보와 매매목록

매매에 관한 거래계약서를 등기원인을 증명하는 정보로 제공하여 소유권이전등기를 신청하는 경우에는 부동산거래신고를 한 후 시·군·구청장으로부터 교부받은 신고필증정보를 제공하여야 하고, 매매목적물이 2개 이상인 경우에는 매매목록을 함께 제공하여야 한다.

(1) 신고필증

① 신고대상부동산 : 토지 및 건축물에 대한 매매에 관한 거래계약서를 작성한 때. 단 판결, 교환, 증여, 경매, 공매시에는 부동산거래신고대상에서 제외됨

② 신고의무기간 : 거래당사자 및 중개업자는 계약체결일로부터 30일 이내에 당해 토지 및 건축물 소재지 관할시장·군수·구청장에게 실거래가 신고를 하여야 한다.

③ 신고필증의 기록사항 : 거래신고 일련번호, 거래당사자, 거래가액, 목적부동산이 표시되어 있어야 한다.

④ 신고의무의 면제 : 토지거래허가를 받았다고, 부동산거래신고의무가 면제되지 않는다.

(2) 매매목록

① 매매목록의 제공이 필요한 경우

㉠ 1개의 신고필증에 2개 이상의 부동산이 기록되어 있는 경우(1개의 계약서에 의해 2개 이상의 부동산을 거래한 경우라 하더라도, 관할관청이 달라 개개의 부동산에 관하여 각각 신고한 경우에는 매매목록을 작성할 필요가 없다)

㉡ 신고필증에 기록되어 있는 부동산이 1개라 하더라도 수인과 수인 사이의 매매인 경우

② 매매목록에 기록하여야 할 사항 : 매매목록에는 거래가액 및 목적부동산을 기록한다.

⑶ 거래가액의 등기

① 거래가액등기의 대상

㉠ 거래가액은 2006년 1월 1일 이후 작성된 매매계약서를 등기원인증서로 하여 소유권이전등기를 신청하는 경우에 등기한다. 그러므로 다음의 경우에는 거래가액을 등기하지 않는다.

ⓐ 2006년 1월 1일 이전에 작성된 매매계약서에 의한 등기신청을 하는 때

ⓑ 등기원인이 매매라 하더라도 등기원인증서가 판결, 조정조서 등 매매계약서가 아닌 때

ⓒ 매매계약서를 등기원인증서로 제출하면서 소유권이전등기가 아닌 소유권이전청구권가등기를 신청하는 때

㉡ 소유권이전청구권가등기에 의한 본등기를 신청하는 경우: 매매계약을 원인으로 한 소유권이전청구권가등기에 의한 본등기를 신청하는 때에는 매매계약서를 등기원인서면으로 제출하지 않는다 하더라도 거래가액을 등기한다.

② 등기부에 기록: 거래가액을 등기부에 기록할 때에는 다음의 방법에 의한다.

㉠ 매매목록의 제출이 필요없는 경우: 등기부 중 갑구의 권리자 및 기타 사항란에 신고가액을 기록한다.

㉡ 매매목록이 제출된 경우: 신청서에 첨부된 매매목록을 전자적으로 작성하여 번호를 부여하고 등기부 중 갑구의 권리자 및 기타 사항란에는 그 매매목록의 번호를 기록하며 매매목록에는 목록번호, 거래가액, 부동산의 일련번호, 부동산의 표시, 순위번호, 등기원인을 전자적으로 기록한다. 다만, 매매목록에 기록된 부동산 중 소유권이전등기를 하지 아니한 부동산이 있는 경우에는 순위번호를 기록하지 않는다.

12. 기타의 첨부정보

⑴ 토지·임야 또는 건축물대장등본 (표시·보·이·멸실)

① 부동산표시변경등기를 신청시

② 소유권보존·이전등기를 신청시

③ 멸실등기를 신청시

⑵ 상속인임을 증명하는 정보: 신청인이 상속인인 경우에는 시·구·읍·면장의 상속인임을 증명하는 정보(가족관계등록사항별증명서, 제적등·초본)을 첨부하여야 한다.

> ▶ 등기법상의 각종 유효기간: 모두 3월로 통일됨 (초일불산입, 말일이 공휴일이면 익일만료)
> 인감증명 / 주민등록등·초본 / 법인등기부 등·초본 / 대장등본 / 가족관계등록사항별 증명서: 3월

(3) 매매에 관한 거래계약서를 등기원인을 증명하는 정보로 하여 소유권이전등기를 신청하는 경우에는 대법원규칙이 정하는 거래신고필증과 매매목록

　🔒 위의 규정은 2006년 1월 1일 이후 거래계약을 체결하여 2006년 6월 1일 이후 최초로 등기를 신청하는 것부터 적용한다.

핵심지문

1. 신고필증상의 거래부동산이 2개 이상인 경우 또는 거래부동산이 1개라 하더라도 여러 명의 매도인과 여러 명의 매수인 사이의 매매계약인 경우에는 매매목록도 첨부정보로서 등기소에 제공하여야 한다.
2. 2006. 1. 1. 이전에 작성된 매매계약서를 등기원인증서로 한 경우에는 거래가액을 등기하지 않는다.
3. 등기원인이 매매라 하더라도 등기원인증서가 판결 등 매매계약서가 아닌 때에는 거래가액을 등기하지 않는다.
4. 당초의 신청에 착오가 있는 경우 등기된 매매목록을 경정할 수 있다.
5. 등기원인증서와 신고필증에 기재된 사항이 서로 달라 동일한 거래라고 인정할 수 없는 등기신청은 각하된다.

📖 확인문제

1. 등기신청을 위한 첨부정보에 관한 설명으로 옳은 것을 모두 고른 것은? 제34회

　ㄱ. 토지에 대한 표시변경등기를 신청하는 경우, 등기원인을 증명하는 정보로서 토지대장정보를 제공하면 된다.
　ㄴ. 매매를 원인으로 소유권이전등기를 신청하는 경우, 등기의무자의 주소를 증명하는 정보도 제공하여야 한다.
　ㄷ. 상속등기를 신청하면서 등기원인을 증명하는 정보로서 상속인 전원이 참여한 공정증서에 의한 상속재산분할협의서를 제공하는 경우, 상속인들의 인감증명을 제출할 필요가 없다.
　ㄹ. 농지에 대한 소유권이전등기를 신청하는 경우, 등기원인을 증명하는 정보가 집행력 있는 판결인 때에는 특별한 사정이 없는 한 농지취득자격증명을 첨부하지 않아도 된다.

① ㄱ, ㄴ　　　　② ㄷ, ㄹ　　　　③ ㄱ, ㄴ, ㄷ
④ ㄱ, ㄷ, ㄹ　　　⑤ ㄴ, ㄷ, ㄹ

정답 1. ③

제4절 │ 등기신청의 절차

1. 등기신청에 대한 등기관의 처분

(1) 등기신청의 접수

1) 의의

> **제6조(등기신청의 접수시기 및 등기의 효력발생시기)**
>
> ① 등기신청은 대법원규칙으로 정하는 등기신청정보가 전산정보처리조직에 (저장)된 때 (접수)된 것으로 본다.
>
> ② 제11조제1항에 따른 등기관이 등기를 마친 경우 그 등기는 (접수)한 때부터 (효력)을 발생한다.

① 등기의 신청서(촉탁서를 포함)가 제출된 때에는 등기관은 반드시 이를 접수하여야 하며, 거절하지 못한다.

② 등기신청의 (접수효과)는 전산정보처리조직에 전자적으로 (저장)된 때이다.

2) 접수장에의 기록 : 등기의 목적, 신청인의 성명 또는 명칭, 접수의 연월일과 접수번호를 기록하고 신청서에도 접수의 연월일과 접수번호를 기록

▶ 등기관은 접수순서에 따라 순차적으로 접수번호를 부여한다.

3) 동시신청

① 동일한 부동산에 관하여 동시에 수개의 신청이 있는 때에는 동일한 접수번호를 기록하여야 한다.

② 동시신청의무

> ㉠ 환매특약의 등기와 소유권이전등기
> ㉡ 신탁등기와 신탁으로 인한 소유권이전등기
> ㉢ 일부 구분건물의 소유권보존등기와 나머지 구분건물의 표시에 관한 등기
> ㉣ 건물의 신축으로 비구분건물이 구분건물로 되는 경우에 신축건물의 보존등기와 종전건물의 표시변경등기

(2) 등기신청에 대한 심사

1) **원칙**: 형식적 심사주의

> ① 절차적 적법성에 대한 심사는 가능
> ② 실체적 적법성에 대한 심사는 불가능
> ③ 구두심문(질문)은 불가능
> ④ 제출된 서면 외에 다른 서면의 제출요구 불가능

2. 등기신청의 각하 및 취하

(1) 신청의 각하

1) **의의**: 등기신청행위에 대한 등기기록에 기록을 거절하는 등기관의 처분

2) **각하사유**(법 제29조)

　① 사건이 등기소의 관할에 속하지 아니한 때

　② 사건이 등기할 것이 아닌 때

> ㉠ 농지에 대한 전세권등기
> ㉡ 토지의 일부에 대한 소유권이전등기
> ㉢ 공유자 중 일부의 공유지분만의 소유권보존등기
> ㉣ 공동상속인 중 일부만의 상속등기의 신청
> ㉤ 유치권에 관한 등기
> ㉥ 이중의 보존등기
> ㉦ 교량에 관한 등기
> ㉧ 가등기에 기한 본등기금지의 가처분등기의 신청
> ㉨ 하나의 부동산에 관하여 경료된 소유권보존등기 중 일부분에 관한 등기만을 따로 말소신청한 경우

📖 **확인문제**

1. 등기신청의 각하사유로서 '사건이 등기할 것이 아닌 경우'를 모두 고른 것은? 제35회

> ㉠ 구분건물의 전유부분과 대지사용권의 분리처분 금지에 위반한 등기를 신청한 경우
> ㉡ 농지를 전세권설정의 목적으로 하는 등기를 신청한 경우
> ㉢ 공동상속인 중 일부가 자신의 상속지분만에 대한 상속등기를 신청한 경우
> ㉣ 소유권 외의 권리가 등기되어 있는 일반건물에 대해 멸실등기를 신청한 경우

① ㉠, ㉡　　　　② ㉡, ㉣　　　　③ ㉢, ㉣
④ ㉠, ㉡, ㉢　　⑤ ㉠, ㉡, ㉢, ㉣

정답 1. ④

2. 부동산등기법 제29조 제2호의 '사건이 등기할 것이 아닌 경우'에 해당하는 것을 모두 고른 것은? (다툼이 있으면 판례에 따름) 제34회

> ㄱ. 위조한 개명허가서를 첨부한 등기명의인 표시변경등기신청
> ㄴ. 「하천법」상 하천에 대한 지상권설정등기신청
> ㄷ. 법령에 근거가 없는 특약사항의 등기신청
> ㄹ. 일부지분에 대한 소유권보존등기신청

① ㄱ   ② ㄱ, ㄴ   ③ ㄷ, ㄹ
④ ㄴ, ㄷ, ㄹ   ⑤ ㄱ, ㄴ, ㄷ, ㄹ

정답 2. ④

㉮ 절차법(등기법)상 허용되지 않는 경우
  ㉠ 등기능력 없는 물건이나 권리에 대한 등기신청
    ▶ 교량·구조상 공용부분에 대한 보존등기신청, 유치권·점유권에 대한 등기신청 등
  ㉡ 1부동산 1등기기록의 원칙에 위반한 등기신청
    ▶ 1필의 토지의 일부에 대한 소유권이전·저당권설정등기신청, 중복등기나 이중의 지상권설정등기신청 등
  ㉢ 공동상속인 중 일부가 자기상속분에 대하여만 하는 상속에 의한 소유권이전 등기신청 또는 공유자 중 일부지분 만에 관한 보존등기신청

㉯ 실체법(민법)상 허용되지 않는 경우
  ㉠ 매매와 동시에 하지 않은 환매특약의 등기신청
  ㉡ 5년의 기간을 넘는 공유물불분할특약
  ㉢ 농지에 대한 전세권설정등기
  ㉣ 지분에 대한 지상권·전세권설정등기

③ 신청할 권한이 없는 자가 신청한 경우
④ 당사자나 그 대리인이 출석하지 아니한 경우
⑤ 신청정보의 제공이 대법원규칙으로 정한 방식에 맞지 아니한 경우
⑥ 신청정보의 부동산 또는 등기의 목적인 권리의 표시가 등기기록과 일치하지 아니한 경우
⑦ 신청정보의 등기의무자의 표시가 등기기록과 일치하지 아니한 경우
  ▶ 다만, 상속인에 의한 등기신청시 상속인임을 증명하는 정보를 첨부한 경우에는 제외된다.
⑧ 신청정보와 등기원인을 증명하는 정보가 일치하지 않는 경우

⑨ 등기에 필요한 첨부정보를 제공하지 아니한 경우

⑩ 취득세(지방세법 제20조의 2에 따라 분할납부하는 경우에는 등기하기 이전에 분할납부하여야 할 금액을 말한다), 등록면허세(등록에 대한 등록면허세만 해당한다) 또는 수수료를 내지 아니 하거나 등기신청과 관련하여 다른 법률에 따라 부과된 의무를 이행하지 아니한 경우

⑪ 신청정보 또는 등기기록의 부동산의 표시가 토지대장, 임야대장 또는 건축물대장과 일치하지 않는 경우

3) 각하의 결정

① 흠결의 보정 : 당일 보정한 경우에는 접수번호의 순서에 따라 등기를 실행하여야 한다.

> ▶ 등기관은 신청인에게 흠결을 보정하도록 권고하는 것이 바람직하나 보정을 명할 의무가 있는 것은 아니다. ⇨ 따라서 등기관은 신청인에게 지적하거나 고지하여 보정할 기회를 주면 족하며, 보정명령이 각하결정을 위한 전제조건이 되는 것도 아니다(판례).
>
> ▶ 보정의 시기 : 법 29조 – 당일, 예규 – 그 다음날까지, 판례 – 조사하여 보정사항이 명확하게 된 날에도 보정 가능.
>
> ▶ 보정권자 : 본인, 대리인, (대리인이 변호사나 법무사인 경우) 등록된 사무원

② 각하결정 : 신청의 흠결이 보정될 수 없는 사항이거나 당일 보정하지 아니하면 등기관은 이유를 기록한 결정으로써 신청을 각하한다.

③ 결정서의 교부 : 신청인에게 결정서 등본을 교부하고 신청서 제외한 서류와 등록세도 환부.

4) 각하사유를 간과하고 한 등기의 효력

> ① 법 제29조 1호·2호의 사유(절대적 각하사유)를 간과하고 한 등기의 효력
> ⇨ 절대무효이다. 등기관은 통지절차를 거쳐 직권말소하여야 하고, 이해관계인도 이의신청을 할 수 있다.
>
> ② 법 제29조 3호 이하의 사유(상대적 각하사유)를 간과하고 한 등기의 효력
> ⇨ 절대무효는 아니며, 실체관계에 부합하면 유효하다. 따라서 등기관은 직권말소 할 수 없고, 이해관계인도 이의신청을 할 수 없다. 소송으로 해결하여야 한다.

(2) 신청의 취하

1) **의의** : 등기신청인이 그가 한 등기신청을 스스로 철회하는 것
   ▶ 명문의 규정은 없고 판례와 실무가 이를 인정하고 있다.

2) 요건

> ① 취하권자: 등기신청인. 대리인이 취하하는 경우에는 그에 대한 특별수권 (취하에 관한 위임장)이 있어야 한다.
> ② 공동으로 한 등기신청은 반드시 공동으로 취하하여야 한다.
> ③ 취하의 시기: 등기의 완료 또는 각하결정 전까지.
> ④ 반드시 서면(취하서)으로 하여야 한다.
> ⑤ 일괄신청의 경우에는 전부는 물론 그 중 일부만을 취하할 수도 있다.

3) 각하와의 비교

각 하	일부각하 가능, 신청서 환부×, 부속서류 환부○
취 하	일부취하 가능, 신청서 환부○, 부속서류 환부○

3. 등기의 실행

(1) 총설

1) 등기실행의 의의

① 등기기록의 소정란에 각각 정하여져 있는 사항을 일정한 방법에 따라서 기록하거나 기타 처리(등기기록의 개설·폐쇄, 이기, 전사 등) 하는 것

② 등기의 실행은 신청당일에 처리하여야 한다.

▶ 등기부에는 신청서의 접수연월일과 접수번호를 기록하면 되고, 등기연월일을 기록하지는 않는다(다만, 직권등기의 경우는 제외).

2) 등기의 실행순서: 등기관은 접수번호의 순서에 따라 등기를 하여야 한다.

▶ 그러나 등기관의 착오로 접수번호의 순서를 바꾸어 등기실행을 한 경우에도 그 등기는 유효하고 당사자나 이해관계인은 이의할 수 없다(판례).

(2) 등기완료 후의 절차

1) 등기필정보의 제공: 새로운 등기권리자에게 제공하여야 한다.

2) 등기완료의 통지

3) 소유자변경통지

① 소유권의 보존 또는 이전
② 소유권의 등기명의인표시 변경 또는 경정
③ 소유권의 변경 또는 경정
④ 소유권의 말소 또는 말소회복

▶ 소유자변경통지 : 대장의 소유권을 정리하기 위한 것이므로 소유권에 관한 등기의 경우에만 통지하면 된다. 소유권이외의 등기나 소유권가등기, 소유권에 대한 가처분등기를 한 경우에는 통지의 대상이 되지 않는다.

4) 과세자료의 송부 : 소유권의 보존 또는 이전등기(가등기 포함)를 한 때에는 지체 없이 그 부동산 소재지를 관할하는 세무서장에게 통지하여야 한다.

제5절 등기관의 처분에 대한 이의신청

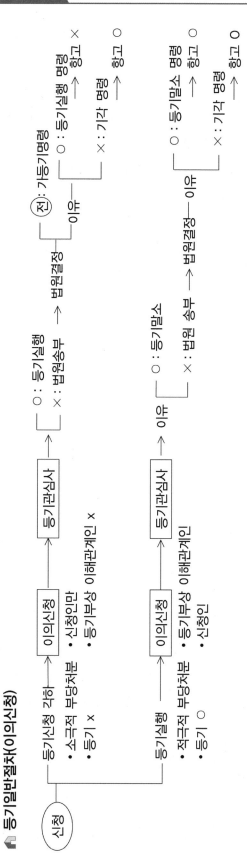

등기일반절차(이의신청)

신청

등기신청 각하 → 이의신청 → 등기관심사
- 소극적 부당처분
- 등기 x

이의신청: 신청인만 · 등기부상 이해관계인 x

○ : 등기실행 → 법원송부
× : 법원송부 → 법원결정 → 전: 가등기명령
　　　　　　　　　　　　　　　　○ : 등기실행 명령 → 항고 ×
　　　　　　　　　　　　　　　　× : 기각 명령 → 항고 ○

등기실행 → 이의신청 → 등기관심사 → 이유
- 적극적 부당처분
- 등기 ○

이의신청: 등기부상 이해관계인 · 신청인

○ : 등기말소
× : 법원 송부 → 법원결정 → 이유
　　　　　　　　　　　　　　○ : 등기말소 명령 → 항고 ○
　　　　　　　　　　　　　　× : 기각 명령 → 항고 ○

1. 이의신청의 의의 및 요건

(1) 이의신청의 의의

등기관의 부당한 결정 또는 처분으로 불이익을 받게 되는 자가 그 시정을 청구함으로써 구제받을 수 있도록 하기 위한 제도.

> ▸ 이의신청 방법으로 시정을 구할 수 있는 경우 민사소송이나 행정소송의 방법으로 그 시정을 청구할 수 없다.
> ▸ 국가배상법에 의한 권리구제도 인정 ⇨ 양자 모두 행사 가능

[핵심지문]

> 1. 상속인이 아닌 자는 상속등기가 위법하다 하여 이의신청을 할 수 없다.
> 2. 등기관은 이의가 이유 없다고 인정하면 이의신청일부터 3일 이내에 의견을 붙여 이의신청서를 관할 지방법원에 보내야 한다.

(2) 이의신청의 요건

1) 등기관의 결정 또는 처분이 부당한 것일 것

① 등기관의 결정 또는 처분이 자체가 부당해야 한다(위법한 경우는 물론 부당한 경우에도 이의신청 가능하다).

> ▸ **결정**이란 등기신청의 각하 등을 말하고, **처분**이란 등기신청의 접수, 등기의 실행, 등기부의 열람, 등·초본의 교부 등에 따른 처분을 말한다.

② 소극적 부당과 적극적 부당을 모두 포함한다.

> ㉠ 소극적 부당: 등기신청의 각하, 신청한 등기신청의 해태 ⇨ 부작위
>   적극적 부당: 각하해야 할 등기신청을 수리하여 등기실행 ⇨ 작위
> ㉡ 소극적 부당의 경우: 모두 이의신청의 대상이 된다.
> ㉢ 적극적 부당의 경우: 법 제29조 제1호, 제2호 위반 - 이의신청대상○
>   기타의 위반 - 이의신청대상×. (실체관계와 부합하면 유효)

③ 부당한 것인지의 여부는 그 처분을 한 시점을 기준으로 해서 판단한다. ⇨ 이의 신청은 신 사실이나 신 증거방법으로써 이를 하지 못한다.

2) 이의신청자는 등기상 직접 이해관계를 가진 자일 것

① 각하결정에 대하여는 신청인인 등기권리자나 등기의무자만이 이의신청을 할 수 있고, 제3자는 이의신청을 할 수 없다.

② 등기실행처분에 대하여는 등기상 이해관계 있는 제3자도 이의신청 가능.

2. 이의신청의 절차 및 효력

(1) 이의신청서의 제출

1) 이의신청은 관할 지방법원에 한다.

2) 이의신청은 서면으로 하며, 이의신청서는 당해 등기소에 제출하여야 한다.

3) 이의신청의 기간에는 제한이 없으므로 이의신청의 이익이 있으면 언제든지 이의신청 가능

> ▸ 이의신청 제기는 관할 지방법원에 하나, 이의신청서의 제출은 당해 등기소에 한다.

(2) 이의신청의 효력: 이의신청이 있더라도 등기관이 한 처분에 대한 집행정지의 효력은 없다.

📖 **확인문제**

1. 등기관의 처분에 대한 이의신청에 관한 설명으로 틀린 것은? 제34회

① 등기신청인이 아닌 제3자는 등기신청의 각하결정에 대하여 이의신청을 할 수 없다.

② 이의신청은 대법원규칙으로 정하는 바에 따라 관할 지방법원에 이의신청서를 제출하는 방법으로 한다.

③ 이의신청기간에는 제한이 없으므로 이의의 이익이 있는 한 언제라도 이의신청을 할 수 있다.

④ 등기관의 처분시에 주장하거나 제출하지 아니한 새로운 사실을 근거로 이의신청을 할 수 없다.

⑤ 등기관의 처분에 대한 이의신청이 있더라도 그 부동산에 대한 다른 등기신청은 수리된다.

정답 1. ②

3. 이의신청에 대한 조치

(1) 등기관의 조치

1) 이의가 이유있다고 인정한 때: 상당한 처분을 하여야 한다.

2) 이의가 이유없다고 인정한 때: 3일 이내에 의견을 붙여서 이의신청서를 관할 지방법원에 송부해야 한다.

3) 등기가 완료된 후의 이의에 대한 조치: 등기관은 상당한 처분을 할 수 없으며, 그 등기에 대하여 이의가 있는 취지를 부기한 후 이를 등기상의 이해관계인에게 통지하고 3일 이내에 의견을 붙여서 관할 지방법원에 송부한다.

(2) 관할 지방법원의 조치

1) 결정 전의 조치: 관할 지방법원은 이의에 대하여 결정하기 전에 등기관에게 가등기 또는 이의가 있다는 취지의 부기등기를 명할 수 있다. (가등기명령 / 이의가 있다는 취지의 부기등기명령)

2) 관할지방법원은 이의에 대하여는 이유를 붙여 결정한다.

　① 이의가 이유있다고 인정된 때: 등기관에게 상당한 처분을 명하고 그 취지를 이의신청인과 등기상의 이해관계인에 통지해야 한다.

　　⇨ 등기관은 법원의 명령에 의하여 등기를 한다(기록명령과 말소명령).

　② 이의가 이유없다고 할 때: 그 신청을 기각하여야 한다.

3) 불복방법: 법원의 결정에 대하여 신청인은 비송사건절차법에 의하여 항고·재항고 할 수 있다. 등기관은 불복할 수 없다.

> 📖 **넓혀보기**
>
> **제51조(등기필정보가 없는 경우)** 등기의무자의 등기필정보가 없을 때에는 등기의무자 또는 그 법정대리인(이하 "등기의무자등"이라 한다)이 등기소에 출석하여 등기관으로부터 등기의무자등임을 확인받아야 한다. 다만, 등기신청인의 대리인(변호사나 법무사만을 말한다)이 등기의무자등으로부터 위임받았음을 확인한 경우 또는 신청서(위임에 의한 대리인이 신청하는 경우에는 그 권한을 증명하는 서면을 말한다) 중 등기의무자등의 작성부분에 관하여 공증(公證)을 받은 경우에는 그러하지 아니하다.

📖 CHECKPOINT

1. 부동산등기법상 등기권리자, 등기의무자와 실체법상(민법)의 등기권리자, 등기의무자는 거의 일치하지만 반드시 일치하는 것은 아니다.

2. 실체법상 등기권리자라 함은 등기를 청구(요구)하는 사람을 말하며, 이에 응할 의무가 있는자가 등기의무자이다. 반면에 절차법상 등기권리자라 함은 어떤 등기가 실행된 경우에 이익을 얻는자를 말하고 등기의무자란 등기가 실행된 경우에 손해를 보는 자를 말한다.

3. 부동산 등기법상 등기의 당사자능력이란 등기부에 기록될 수 있는 능력을 말한다.

4. 시설물로서의 학교는 학교 명의로 등기할 수 없으며, 행정조직 읍, 면은 등기의 당사자능력이 없다.

5. 가집행판결로는 단독신청을 할 수 없다.

6. 확정판결과 동일한 효력이 있는 조서로도 단독신청이 가능하다.

7. 등기절차의 이행을 명하는 판결이 확정된 후 10년이 지난 경우에도 그 판결에 의한 등기신청을 할 수 있다.

8. 포괄승계인에 의한 등기신청의 경우에는 신청서의 등기의무자 표시와 등기기록의 등기의무자가 일치하지 않아도 등기신청을 각하하지 않는다.

9. 등기신청은 1건당 1개의 신청정보를 제공하여야 하므로 동일한 부동산에 관하여 소유권이전등기와 저당권설정등기를 신청하기 위해서는 별개의 신청서로 하여야 한다.

10. 신청서나 그 밖의 등기에 관한 서면을 작성할 때에는 자획(字劃)을 분명히 하여야 하고, 문자의 정정 삽입 또는 삭제를 한 경우에는 그 글자 수를 난외(欄外)에 적으며 문자의 앞뒤에 괄호를 붙이고 이에 날인 또는 서명하여야 한다. 이 경우 삭제한 문자는 해독할 수 있게 글자체를 남겨두어야 한다.

11. 토지거래허가구역에서 소유권, 지상권의 이전, 설정 및 가등기시 토지거래허가서를 제공하여야 한다. 단, 가등기에 기한 본등기시에는 토지거래허가서를 제공할 필요가 없다.

12. 등기신청시 첨부하는 인감증명, 주민등록 등,초본 건축물대장 토지대장 등본은 발행일로부터 3개월 이내의 것이어야 한다.

13. 등기를 신청하는 경우, 등기권리자(새로 등기명의인으로 되는 경우로 한정)의 주민등록번호 또는 부동산등기용 등록번호를 증명하는 정보를 제공하여야 한다.

14. 전자신청 하고자 하는 자연인, 법인, 외국인은 미리 사용자등록을 하여야 하고 사용자 등록의 유효기간은 3년으로 한다. 연장할 수 있으며 그 기간도 3년으로 한다.

15. 전자신청에서 대리인은 미리 사용자등록한 자격증 소지자에 한하며, 외국인도 포함한다.

16. 법인 아닌 사단은 전자신청을 할 수 없다.

17. 전자신청을 하기 위해서는 사용자등록을 하여야 하고 그 유효기간은 3년으로 한다.

18. 사용자 등록을 한 경우 유효기간만료일 3월 전부터 만료일까지 사이에 유효기간의 연장을 신청할 수 있다.

19. 전자신청을 하고자 하는 자는 등기소에 직접 출석하여 사용자등록을 하여야 하는데 이때 관할등기소는 없다.

20. 사용자등록신청을 하고자 할 때에는 인감증명서와 주소증명서면을 제공하여야 한다.

각종 권리에 관한 등기절차

제1절 소유권에 관한 등기절차

1. 소유권보존등기

(1) 의의

미등기의 토지나 건물에 대하여 최초로 하는 등기로서 새로이 등기기록을 개설하는 등기.

(2) 등기신청인

등기권리자의 단독신청에 의한다.

	내 용
① 하는 경우	• 부동산을 원시취득하는 경우 • 규약상 공용부분 취지의 등기를 말소(폐지)하는 경우 • 미등기 부동산에 법원의 등기촉탁이 있는 경우
② 방법	• 신청 • 직권
③ 할 수 있는 자	미등기의 토지 또는 건물에 관한 소유권보존등기는 다음의 각 호의 어느 하나에 해당하는 자가 신청할 수 있다. ① 토지�장, 임야대장 또는 건축물대장에 최초의 소유자로 등록되어 있는 자 또는 그 상속인, 그 밖의 포괄승계인 ② 확정㉇결에 의하여 자기의 소유권을 증명하는 자 ③ ㊌용으로 인하여 소유권을 취득하였음을 증명하는 자 ④ 특별자치도지사, 시장, 군수 또는 구청장(자치구의 구청장을 말한다)의 ㊗인에 의하여 자기의 소유권을 증명하는 자(건물의 경우로 한정한다)

```
암기코드        ┌ • 토지 : 대 · 판 · 수
                │
                └ • 건물 : 대 · 판 · 서 · 수
```

🏠 소유권보존등기

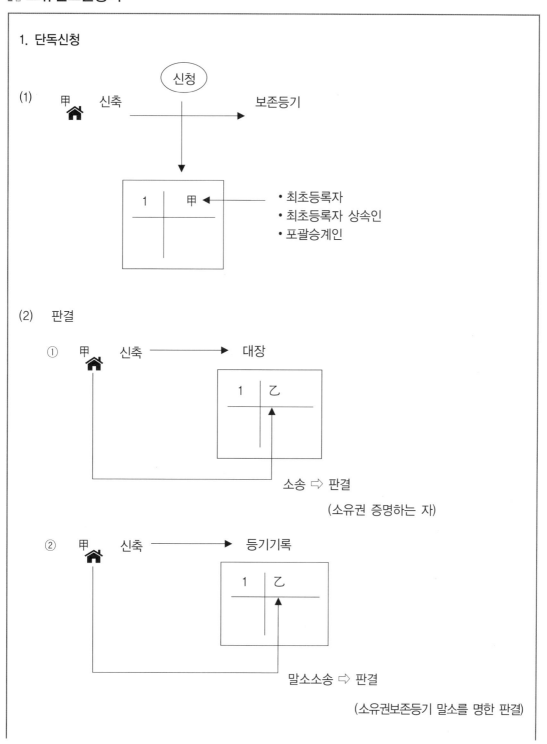

1. 단독신청

(1)

신청

甲🏠 신축 ───────→ 보존등기

| 1 | 甲 |

• 최초등록자
• 최초등록자 상속인
• 포괄승계인

(2) 판결

① 甲🏠 신축 ──────→ 대장

| 1 | 乙 |

소송 ⇨ 판결

(소유권 증명하는 자)

② 甲🏠 신축 ──────→ 등기기록

| 1 | 乙 |

말소소송 ⇨ 판결

(소유권보존등기 말소를 명한 판결)

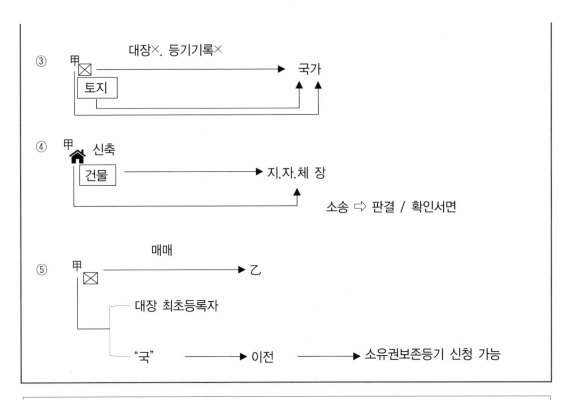

③ 甲⊠ 토지 ─── 대장×. 등기기록× ───→ 국가

④ 甲🏠 신축 건물 ──────→ 지.자.체 장

소송 ⇨ 판결 / 확인서면

⑤ 甲⊠ ─── 매매 ───→ 乙

대장 최초등록자

"국" ──→ 이전 ──→ 소유권보존등기 신청 가능

▶ 보존등기시 신청서에 첨부하지 않아도 되는 정보
1. 등기의무자의 권리에 관한 등기필정보
2. 등기의무자의 인감증명
3. 등기원인에 대하여 제3자의 허가·동의·승낙을 증명하는 정보

핵심지문

1. 일부지분에 대한 소유권보존등기를 신청한 경우에는 그 등기신청은 각하되어야 한다.
2. 토지에 관한 소유권보존등기의 경우, 당해 토지가 소유권보존등기 신청인의 소유임을 이유로 소유권보존등기의 말소를 명한 확정판결에 의해서 자기의 소유권을 증명하는 자는 소유권보존등기를 신청할 수 있다.
3. 보존등기에는 등기원인과 그 연월일을 기록하지 않는다.

📖 **확인문제**

1. 소유권등기에 관한 설명으로 틀린 것은? (다툼이 있으면 판례에 따름) 제34회

① 미등기 건물의 건축물대장상 소유자로부터 포괄유증을 받은 자는 자기명의로 소유권보존등기를 신청할 수 있다.

② 미등기 부동산이 전전양도된 경우, 최후의 양수인이 소유권보존등기를 한 때에도 그 등기가 결과적으로 실질적 법률관계에 부합된다면, 특별한 사정이 없는 한 그 등기는 무효라고 볼 수 없다.

③ 미등기 토지에 대한 소유권을 군수의 확인에 의해 증명한 자는 그 토지에 대한 소유권보존등기를 신청할 수 있다.

④ 특정유증을 받은 자로서 아직 소유권등기를 이전받지 않은 자는 직접 진정명의 회복을 원인으로 한 소유권이전등기를 청구할 수 없다.

⑤ 부동산 공유자의 공유지분 포기에 따른 등기는 해당지분에 관하여 다른 공유자 앞으로 소유권이전등기를 하는 형태가 되어야 한다.

정답 1. ③

(3) 직권보존등기의 특례 (미등기 부동산에 법원 촉탁시만 가능)

1) 미등기부동산에 대한 소유권의 처분제한의 등기촉탁이 있는 경우

2) 미등기의 주택/상가건물에 대한 임차권등기명령의 촉탁이 있는 경우

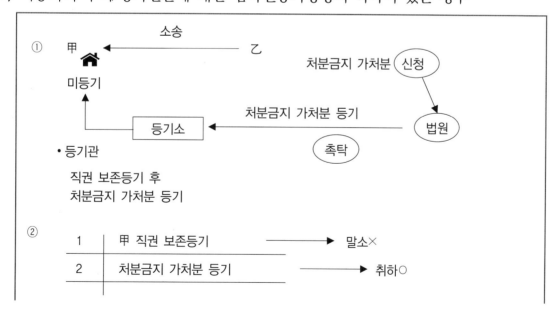

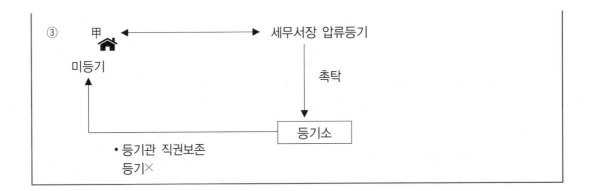

📖 확인문제

1. 대장은 편성되어 있으나 미등기인 부동산의 소유권보존등기에 관한 설명으로 틀린 것은? 제33회

① 등기관이 보존등기를 할 때에는 등기원인과 그 연월일을 기록해야 한다.
② 대장에 최초 소유자로 등록된 자의 상속인은 보존등기를 신청할 수 있다.
③ 수용으로 인하여 소유권을 취득하였음을 증명하는 자는 미등기토지에 대한 보존등기를 신청할 수 있다.
④ 군수의 확인에 의해 미등기건물에 대한 자기의 소유권을 증명하는 자는 보존등기를 신청할 수 있다.
⑤ 등기관이 법원의 촉탁에 따라 소유권의 처분제한의 등기를 할 때는 직권으로 보존등기를 한다.

2. 임차권등기에 관한 설명으로 옳은 것을 모두 고른 것은? 제35회

㉠ 임차권설정등기가 마쳐진 후 임대차 기간 중 임대인의 동의를 얻어 임차물을 전대하는 경우, 그 전대등기는 부기등기의 방법으로 한다.
㉡ 임차권등기명령에 의한 주택임차권등기가 마쳐진 경우, 그 등기에 기초한 임차권이전등기를 할 수 있다.
㉢ 미등기 주택에 대하여 임차권등기명령에 의한 등기촉탁이 있는 경우, 등기관은 직권으로 소유권보존등기를 한 후 주택임차권등기를 해야 한다.

① ㉠　　　　　　② ㉡　　　　　　③ ㉠, ㉢
④ ㉡, ㉢　　　　⑤ ㉠, ㉡, ㉢

정답 1. ① 2. ③

2. 소유권의 이전등기

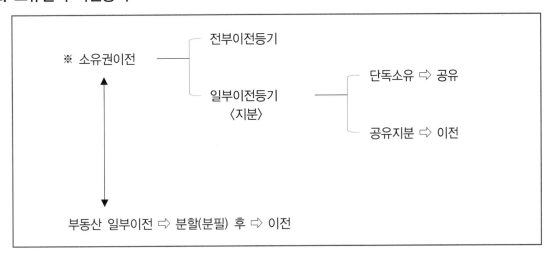

(1) 의 의

갑구에 독립등기로 하며, 종전의 등기는 주말하지 않는다.

(2) 소유권의 일부이전등기

1) **의의**: 단독소유를 공유로 하거나 또는 공유물의 지분을 단순히 이전하거나 지분의 일부를 이전하는 것을 공시하기 위한 등기

2) **등기절차**

① 신청서에 그 지분을 표시하고, 만일 등기원인에 공유물불분할의 특약이 있는 때에는 이를 기록하여야 한다.

> ▶ 지분권에 대한 소유권이전ㆍ저당권의 설정ㆍ처분제한의 등기는 가능하나, 지분권에 대한 용익물권의 설정은 인정되지 않는다.
> ★ 부동산의 특정일부를 소유권보존하거나 이전하는 것은 불가능.
> ▶ 공유자의 지분포기 또는 상속인 없이 사망한 지분의 취득은 원시취득으로 기존등기를 말소하고 보존등기를 하여야 하지만, 이전등기를 한다.

② 공유물불분할의 약정을 신청서에 기록하면 등기부에도 이를 기록하여야 한다. (⇨ 부기등기로 한다)

(3) 진정명의회복을 원인으로 하는 소유권이전등기

🏠 진정명의회복

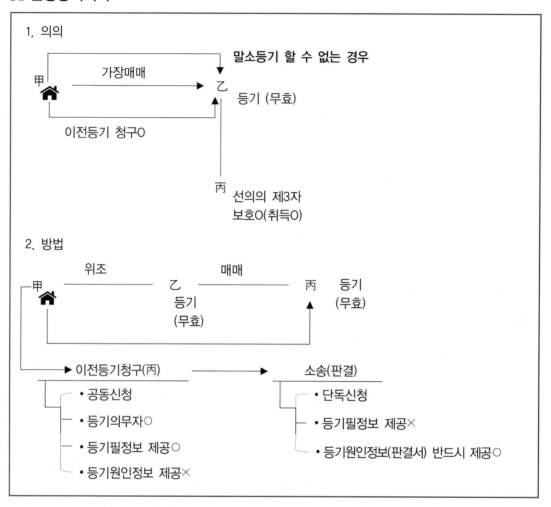

🏠 진정명의회복을 원인으로 소유권 이전등기시

- 검인×
- 토지거래허가서 제공×
- 농지취득자격증명 제공×

핵심지문

진정명의회복을 원인으로 하는 소유권이전등기에 농지인 경우에도 농지취득자격증명을 제공할 필요가 없다.

	내 용
공동신청	① 이미 자기 앞으로 소유권을 표상하는 등기가 되어 있었던 자 ② 또는 지적공부상 소유자로 등록되어 있던 자로서 소유권보존등기를 신청할 수 있는 자도 현재의 등기명의인과 공동으로 '진정명의회복'을 등기원인으로 하여 소유권이전등기신청을 할 수 있다. • 등기원인: 진정명의회복 • 등기목적: 소유권이전 • 등기필정보 제공○
판결 〈단독신청〉	① 이미 자기 앞으로 소유권을 표상하는 등기가 되어 있었거나 ② 법률의 규정에 의하여 소유권을 취득한 자가 현재의 등기명의인을 상대로 '진정명의회복'을 등기원인으로 한 소유권이전등기절차의 이행을 명하는 판결을 받아 소유권이전등기를 신청한 경우에는 이를 수리 하여야 한다. • 등기원인: 진정명의회복 • 등기목적: 소유권이전 • 확정판결정본을 등기원인 증서로 반드시 제출하여야 함 • 등기필정보 제공×

1) **의의**: 등기명의인이 무권리자인 경우에 진정한 권리자가 자기명의로 소유권을 회복하는 방법은 원칙적으로 무권리자명의의 등기를 말소하는 것이지만, 말소등기를 할 수 없는 경우에 무권리자로부터 직접 소유권이전등기를 하여도 무방하다.(판례)

> ▶ 말소등기는 후순위소유권자 모두를 상대방으로 하여야 하지만, 진정명의회복을 원인으로 하는 소유권이전등기는 현재의 소유명의인만을 상대방으로 한다.

2) **신청서의 기록사항**

> • 등기원인: 진정명의회복
> • 등기원인일자: **기록×**

3) **첨부정보**

> ① 판결에 의한 등기신청시 ⇨ 등기원인정보○(판결서)
> ② 공동신청에 의한 등기신청시 ⇨ 등기원인정보×
> > ▶ 진정명의회복은 '계약'이 아니므로 검인이나 토지거래허가를 요하지 않고, '회복'이지 취득이 아니므로 농지취득자격증명도 요하지 않는다.

4) **등기의 실행**: 주등기로 하며, 현재의 무권리자로부터 직접 소유권이전등기

📖 확인문제

1. 진정명의회복을 위한 소유권이전등기에 관한 설명으로 옳은 것을 모두 고른 것은?

제35회

ㄱ 진정명의회복을 원인으로 하는 소유권이전등기를 신청하는 경우, 그 신청정보에 등기원인 일자는 기재하지 않는다.

ㄴ 토지거래허가의 대상이 되는 토지에 관하여 진정명의회복을 원인으로 하는 소유권이전등기를 신청하는 경우에는 토지거래허가증을 첨부해야 한다.

ㄷ 진정명의회복을 위한 소유권이전등기청구소송에서 승소확정판결을 받은 자는 그 판결을 등기원인으로 하여 현재 등기명의인의 소유권이전등기에 대하여 말소등기를 신청할 수는 없다.

① ㄱ   ② ㄴ   ③ ㄱ, ㄷ

④ ㄴ, ㄷ   ⑤ ㄱ, ㄴ, ㄷ

정답 1. ③

(4) 수용에 의한 토지소유권이전의 등기

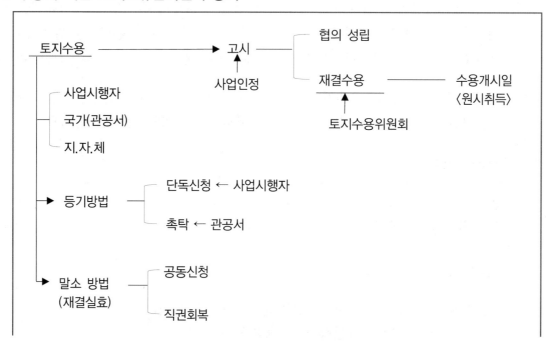

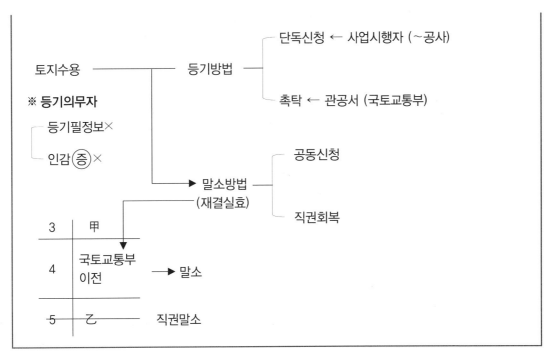

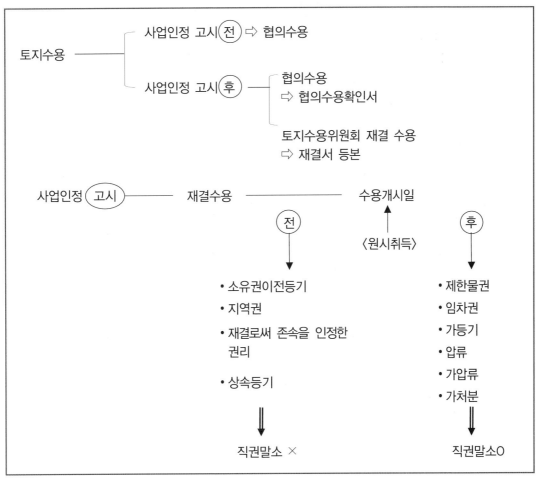

① 단독신청의 특례: 사업시행자는 단독신청, 사업시행자가 관공서인 경우에는 촉탁가능.
② 등기신청서의 기록사항
- 등기원인: 토지수용
- 등기원인일자: 수용개시일(재결일×)
③ 첨부정보
㉠ 등기원인을 증명하는 정보(재결서 또는 협의성립확인서)
㉡ 보상금의 지급 또는 공탁을 증명하는 정보

1) 등기의 신청
① 수용은 이전등기의 형식을 취하나 법적효과는 원시취득이므로 다음의 등기를 제외하고는 모두 직권말소 하여야 한다.
㉠ 수용의 날 이전의 소유권보존/이전등기
㉡ 그 부동산을 위하여 존재하는 (요역지)지역권등기
㉢ 재결로 존속이 인정된 권리
㉣ 수용의 날 이전에 발생한 상속을 원인으로 수용의 날 이후에 경료된 상속등기
② 기업자는 등기명의인 또는 상속인에 갈음하여 토지의 표시 또는 등기명의인의 표시변경이나 경정, 상속으로 인한 소유권이전등기를 대위신청할 수 있다.

핵심지문

1. 수용으로 인한 등기신청에는 농지취득자격증명을 첨부할 필요가 없다.
2. 등기권리자의 단독신청에 따라 수용으로 인한 소유권이전등기를 하는 경우, 등기관은 그 부동산을 위해 존재하는 지역권의 등기를 직권으로 말소해서는 안 된다.

⑸ 상속으로 인한 소유권이전등기(상속등기)

🏠 상속등기와 상속인(포괄승계인) 등기 비교

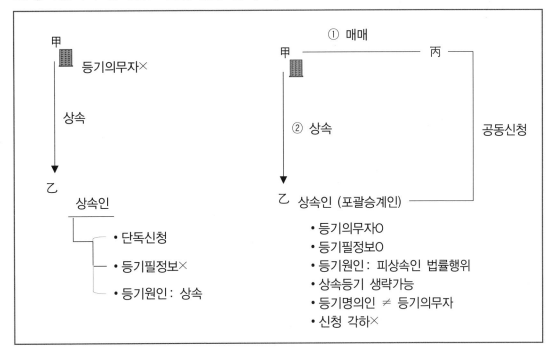

🏠 유증에 의한 등기절차

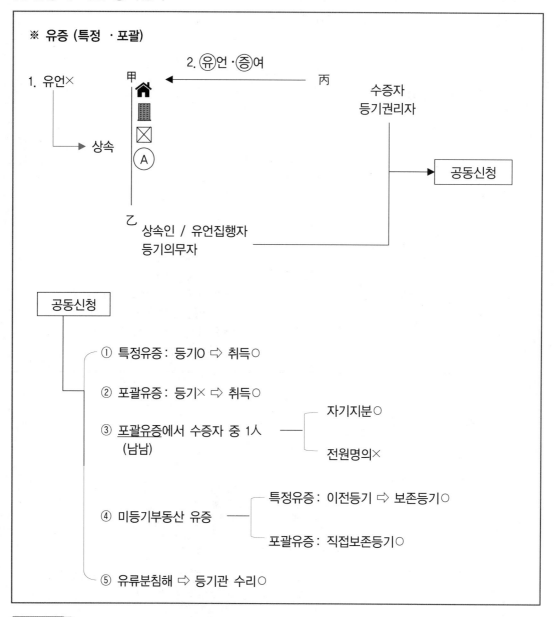

핵심지문

1. 유증으로 인한 소유권이전등기청구권보전의 가등기는 유언자가 생존 중인 경우에는 수리하여서는 안된다.
2. 유증으로 인한 소유권이전등기 신청이 상속인의 유류분을 침해하는 내용이라 하더라도 등기관은 이를 수리하여야 한다.

3. 환매특약의 등기

🏠 환매특약등기

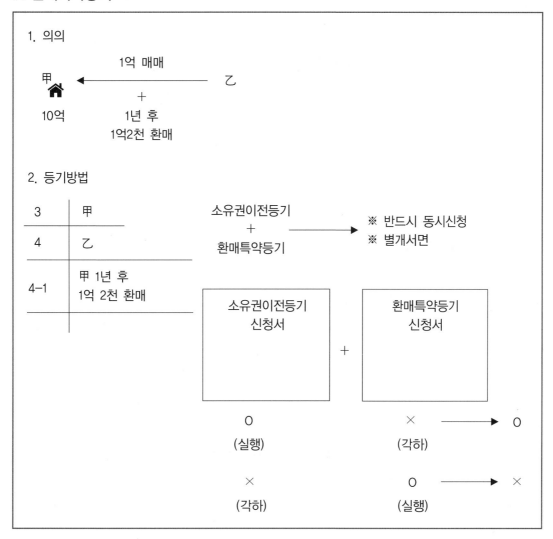

핵심지문

등기관이 환매특약의 등기를 할 때에는 매수인이 지급한 대금과 매매비용을 기록하여야 한다.

3. 말소방법

①
3	甲
4	乙
4-1	환매특약 등기 ◄
5	甲　환매권행사○

등기관 (직권)말소

(이전등기 신청)

②
3	甲 ──────► 환매권 행사×
4	乙
4-1	환매특약 등기 ──► 무효 ──► (신청)말소

	내 용	비 고
환매특약의 등기	• 소유권이전등기와 동시신청 • 부기등기 • 별개서면	• 소유권이전등기 신청서 수리하고, 환매특약등기 각하 가능. • 소유권이전등기 신청서 각하 후, 환매특약등기 수리 불가.

(1) 의의

매매의 목적물이 부동산인 경우에 매매등기와 동시에 환매권의 보류를 등기한 때에는 제3자에 대하여 그 효력이 있다.

(2) 환매특약등기의 신청

1) 동시신청

　① 매매에 의한 소유권이전등기와 동시에 신청하되 별개의 신청서에 의한다.

> ▶ 동일한 접수번호를 부여하며 소유권이전등기에 부기등기로 한다. 환매권은 임차권과 같이 채권에 불과하나 등기하면 대항력이 생긴다.

　② 환매특약부 소유권이전등기를 각하하는 경우에는 환매특약등기도 각하하여야 하나, 환매특약의 등기를 각하하는 경우에는 소유권이전등기를 각하하여야 하는 것은 아니다.

2) 신청인: 매도인을 등기권리자, 매수인을 등기의무자로 하여 공동신청한다.

3) 신청서의 기록사항

　① 필요적 기록사항 – 매수인이 지급한 매매대금 및 매매비용

　② 임의적 기록사항 – 환매기간 (5년을 넘지 못한다).

(3) 환매권의 이전등기

환매권 양도인(등기의무자)과 양수인(등기권리자)이 공동으로 신청하여야 하며, 부기등기의 부기등기 형식으로 실행한다.

(4) 환매권의 말소

직권말소	환매권실행으로 인한 소유권이전등기시
신청말소	환매권행사 이외의 원인(환매특약의 해제·무효, 환매특약기간의 경과)에 의하여 환매권이 소멸시 공동신청말소

📖 **확인문제**

1. 환매특약의 등기에 관한 설명으로 틀린 것은? 제33회

① 매매비용을 기록해야 한다.

② 매수인이 지급한 대금을 기록해야 한다.

③ 환매특약등기는 매매로 인한 소유권이전등기가 마쳐진 후에 신청해야 한다.

④ 환매기간은 등기원인에 그 사항이 정하여져 있는 경우에만 기록한다.

⑤ 환매에 따른 권리취득의 등기를 한 경우, 등기관은 특별한 사정이 없는 한 환매 특약의 등기를 직권으로 말소해야 한다.

2. 환매특약 등기에 관한 설명으로 틀린 것은? 제35회

① 매매로 인한 소유권이전등기의 신청과 환매특약등기의 신청은 동시에 하여야 한다.

② 환매등기의 경우 매도인이 아닌 제3자를 환매권리자로 하는 환매등기를 할 수 있다.

③ 환매특약등기에 처분금지적 효력은 인정되지 않는다.

④ 매매목적물의 소유권의 일부 지분에 대한 환매권을 보류하는 약정을 맺은 경우, 환매특약등기 신청은 할 수 없다.

⑤ 환매기간은 등기원인에 그 사항이 정하여져 있는 경우에만 기록한다.

정답 1. ③ 2. ②

4. 신탁에 관한 등기

🏠 신탁등기

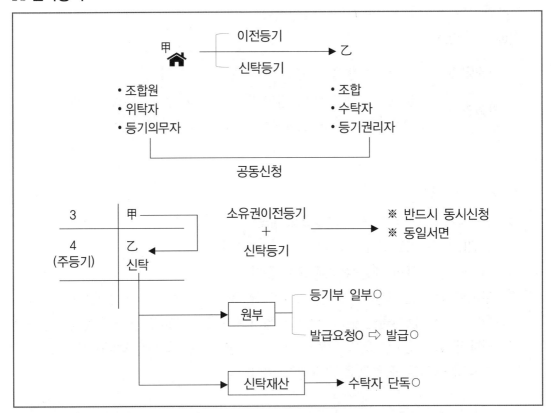

	내 용	비 고
신탁등기	• 소유권이전등기와 동시신청 • 주등기 • 동일서면	• 신탁등기 경료 후 위탁자 등기의무자× • 신탁등기 경료 전 위탁자 등기의무자○

핵심지문 📝

1. 수탁자가 여러 명인 경우 등기관은 신탁재산이 합유인 뜻을 등기부에 기록하여야 한다.
2. 등기관이 신탁등기를 할 때에는 신탁원부를 작성하여야 하는데, 이때의 신탁원부는 등기기록의 일부로 본다.

🏠 신탁등기, 환매특약의 비교

	내 용	비 고

신탁등기	• 소유권이전등기와 동시신청
	• 주등기
	• 동일서면
		• 신탁등기 경료 후 위탁자 등기
		  의무자×
		• 신탁등기 경료 전 위탁자 등기
		  의무자○

환매특약의
등기
	• 소유권이전등기와 동시신청
	• 부기등기
	• 별개서면
		• 소유권이전등기 신청서 수리하고,
		  환매특약등기 각하 가능.
		• 소유권이전등기 신청서 각하 후,
		  환매특약등기 수리 불가.

(1) **의의**

신탁의 등기는 신탁을 원인으로 하는 소유권이전등기와 별개의 등기로서, 신탁등기를 하지 않으면 신탁관계를 제3자에게 대항하지 못한다.

(2) **신탁의 등기절차**

1) **신청절차**

① 공동신청 : 수탁자를 등기권리자, 위탁자를 등기의무자로 하여 공동신청.

② 단독신청 : 신탁재산에 관하여는 수탁자가 단독신청.

수익자 또는 위탁자는 수탁자를 대위하여 신탁등기 신청가능.

(3) **신탁등기의 말소**

1) 신탁부동산의 권리이전으로 그 권리가 신탁재산에 속하지 않게 된 경우

2) 신탁종료로 신탁재산인 부동산에 관한 권리가 이전한 때

⇨ 소유권이전등기와 신탁등기의 말소를 동일한 신청서에 의하여 신청하여야 한다.

📖 **확인문제**

1. 부동산등기법상 신탁등기에 관한 설명으로 틀린 것은? 제33회

① 수익자는 수탁자를 대위하여 신탁등기를 신청할 수 있다.

② 신탁등기의 말소등기는 수탁자가 단독으로 신청할 수 있다.

③ 신탁가등기는 소유권이전청구권보전을 위한 가등기와 동일한 방식으로 신청하되, 신탁원부 작성을 위한 정보를 첨부정보로서 제공해야 한다.

④ 여러 명의 수탁자 중 1인의 임무종료로 인한 합유명의인 변경등기를 한 경우에는 등기관은 직권으로 신탁원부 기록을 변경해야 한다.

⑤ 법원이 신탁관리자인 선임의 재판을 한 경우, 그 신탁관리인은 지체 없이 신탁원부 기록의 변경등기를 신청해야 한다.

정답 1. ⑤

📖 **공동소유 기출지문 총정리**

1. 토지에 대한 공유물분할약정으로 인한 소유권이전등기는 공유자가 공동으로 신청할 수 있다.

2. 등기된 공유물분할금지기간을 단축하는 약정에 관한 변경등기는 공유자 전원이 공동으로 신청하여야 한다.

3. 부동산 공유자 중 1인의 지분 포기로 인한 소유권이전등기는 공유지분권을 포기하는 공유자와 다른 공유자가 공동으로 신청하여야 한다.

4. 등기된 공유물분할금지기간약정을 갱신하는 경우, 이에 대한 변경등기는 공유자 전원이 공동으로 신청하여야 한다.

5. 민법상 조합의 소유인 부동산을 등기할 경우, 조합원 전원의 명의로 합유등기를 한다.

6. 합유등기를 하는 경우, 합유자의 이름과 합유라는 뜻을 기록하고, 합유자의 지분은 기록하지 않는다.

7. 2인의 합유자 중 1인이 사망한 경우, 잔존 합유자는 그의 단독소유로 합유명의인 변경등기신청을 할 수 있다.

8. 합유자 중 1인이 다른 합유자 전원의 동의를 얻어 합유지분을 처분하는 경우, 지분이전등기를 신청할 수 없다.

9. 공유자 전원이 그 소유관계를 합유로 변경하는 경우, 변경계약을 등기원인으로 변경등기를 신청해야 한다.

제2절 소유권 이외의 권리의 등기절차

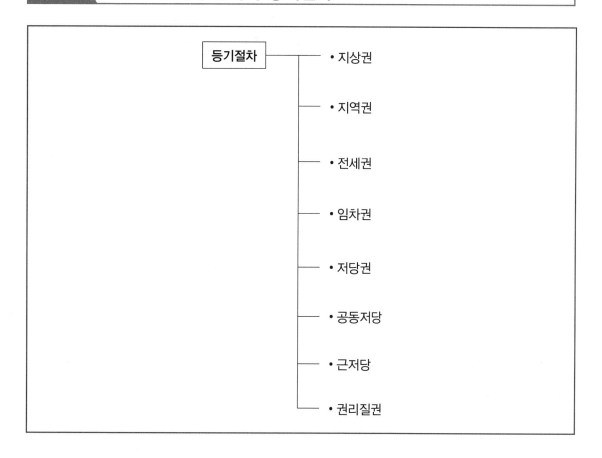

1. 지상권에 관한 등기절차

(1) 의의

타인 토지 위에 건물·공작물·수목을 소유하기 위하여 타인의 토지를 사용·수익권

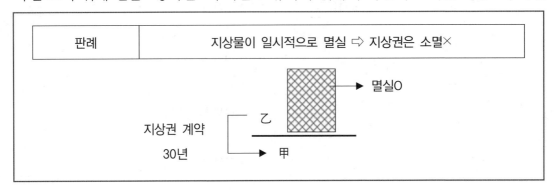

판례	지상물이 일시적으로 멸실 ⇨ 지상권은 소멸×

(2) 성립

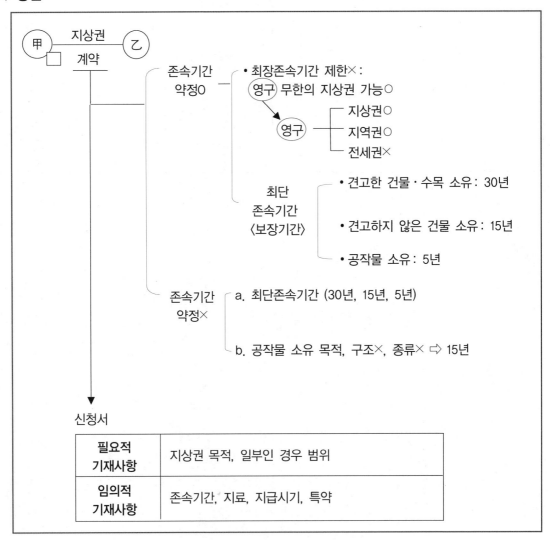

필요적 기재사항	지상권 목적, 일부인 경우 범위
임의적 기재사항	존속기간, 지료, 지급시기, 특약

(3) **지상권등기의 절차**

1) **신청인**: 토지소유자(지상권설정자)가 등기의무자이고, 지상권자가 등기권리자로 공동신청 한다.

2) **신청서의 기재사항**

　① 필요적 기재사항

　　㉠ 지상권설정의 목적

　　㉡ 지상권설정의 범위 - **1필의 토지의 전부 또는 일부라도 가능**하며, **토지의 일부**에 지상권이 설정되는 경우에는 목적부분을 표시한 **지적도를 첨부**하여야 한다.

　② 임의적 기재사항: 지상권의 존속기간, 지료 및 그 지급시기 등의 약정이 있으면 이를 기록한다.(지상권의 존속기간을 영구무한이나 불확정기간으로 해도 무방하다. - 철탑존속기간)

(4) **구분지상권 설정등기의 특칙**

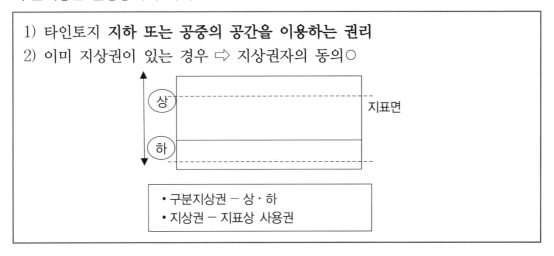

1) 타인의 토지의 지상이나 지하의 일정공간을 건물기타 공작물을 소유하기 위하여 설정하는 권리를 구분지상권이라 한다. (수목 소유 목적으로는 ×)

2) 지하 또는 지상의 상하의 범위를 기록 (도면을 첨부할 필요는 없음)

3) 토지소유자의 사용권을 제한하는 특약이 있을 경우 그 내용을 기록

4) 그 토지를 사용하는 권리에 관한 등기, 그 권리를 목적으로 하는 권리에 관한 등기가 있는 때에는 이들의 승낙서를 첨부한다.

5) 계층적 구분건물의 특정계층을 소유할 목적의 구분지상권설정등기는 불가.

2. 지역권에 관한 등기절차

(1) **의의**: 자기 토지의 가치를 높이기 위하여 타인의 토지를 사용·수익 할 수 있는 권리

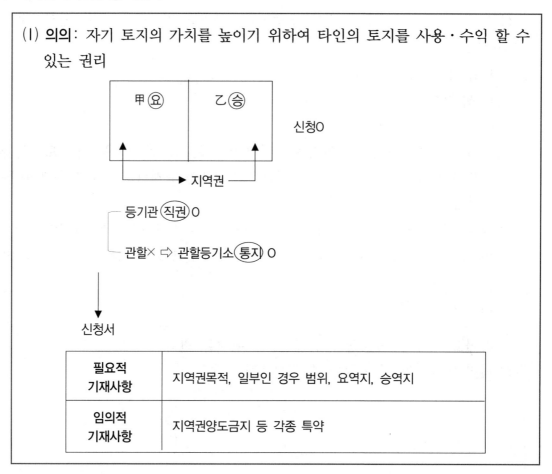

필요적 기재사항	지역권목적, 일부인 경우 범위, 요역지, 승역지
임의적 기재사항	지역권양도금지 등 각종 특약

(2) **성립**

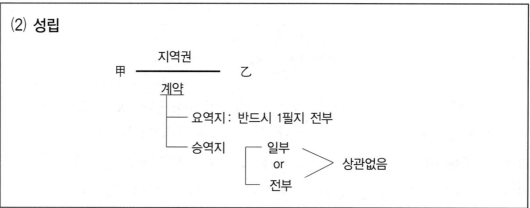

(1) **신청인**

1) 지역권자가 등기권리자, 지역권설정자가 등기의무자가 되어 승역지등기소에 **공동신청**한다.

2) 토지소유자 이외의 지상권자·전세권자·임차권자도 지역권의 등기권리자 또는 등기의무자가 될 수 있다.

⑵ 신청서의 기록사항

① 필요적 기록사항 : 요역지·승역지의 표시, 지역권설정의 목적 / 범위

> ▶ 요역지는 1필의 토지이어야 하나, 승역지는 1필의 토지 일부도 가능
> (⇨ 1필의 토지 일부인 때에는 지적도를 첨부해야)

② 임의적 기록사항 : 당사자간의 특약이 있을 경우 이를 기록한다.

⑶ 지역권등기의 실행

① 승역지의 지역권등기 : 승역지의 등기부 을구 사항란에 등기사항을 기록

② 요역지의 지역권등기 : 요역지 등기기록 을구 사항란에 직권으로 기록

3. 전세권에 관한 등기절차

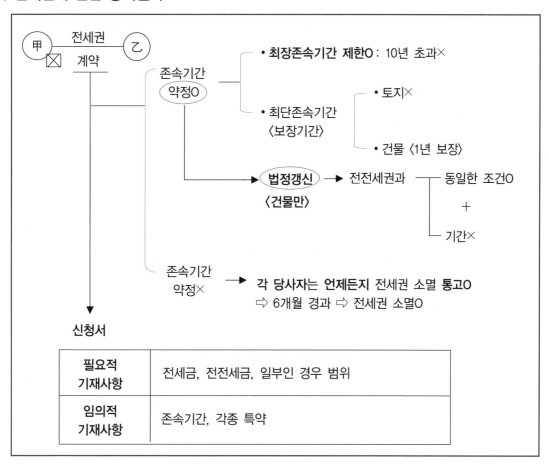

(1) 전세권등기의 절차

1) 등기신청서

① 필요적 기록사항: 전세금(전전세의 경우 전전세금), 전세권의 범위(일부일 경우 도면첨부)

② 임의적 기록사항: 존속기간, 위약금이나 배상금, 전세권의 양도금지, 전전세금지 등의 특약을 기록할 수 있다.

2) 전세권등기의 실행

① 전세권의 설정등기는 주등기로, 전전세권의 설정등기는 부기등기로 한다.

② 전세권의 이전등기는 부기등기로 한다.

(2) 전세권등기 말소에 관한 특칙: 등기의무자(전세권자)의 행방불명으로 인하여 공동으로 말소등기의 신청을 할 수 없는 때 등기권리자(전세권설정자)는

1) 민사소송법에 의한 공시최고를 신청하여 제권판결을 받거나,

2) **전세계약서**와 **전세금반환증서**를 첨부하여 단독으로 신청할 수 있다.

핵심지문

전세권의 존속기간을 연장하는 변경등기를 신청하는 경우, 후순위저당권자는 등기법상 이해관계인에 해당한다.

📖 확인문제

1. 전세권 등기에 관한 설명으로 틀린 것은? (다툼이 있으면 판례에 따름) 제33회

① 전세권 설정등기를 하는 경우, 등기관은 전세금을 기록해야 한다.

② 전세권의 사용·수익 권능을 배제하고 채권담보만을 위해 전세권을 설정한 경우, 그 전세권설정등기는 무효이다.

③ 집합건물에 있어서 특정 전유부분의 대지권에 대하여는 전세권설정등기를 할 수가 없다.

④ 전세권의 목적인 범위가 건물의 일부로서 특정 층 전부인 경우에는 전세권설정등기 신청서에 그 층의 도면을 첨부해야 한다.

⑤ 乙 명의의 전세권등기와 그 전세권에 대한 丙 명의의 가압류가 순차로 마쳐진 甲 소유 부동산에 대하여 乙 명의의 전세권등기를 말소하라는 판결을 받았다고 하더라도 그 판결에 의하여 전세권말소등기를 신청할 때에는 丙의 승낙서 또는 丙에게 대항할 수 있는 재판의 등본을 첨부해야 한다.

정답 1. ④

4. 저당권에 관한 등기절차

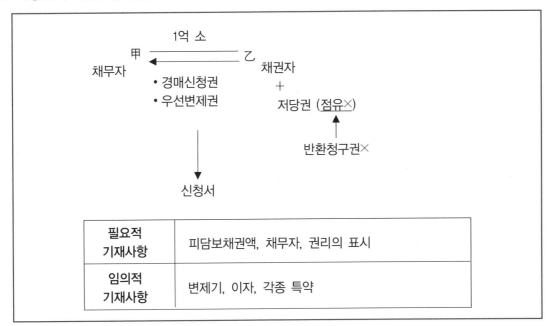

필요적 기재사항	피담보채권액, 채무자, 권리의 표시
임의적 기재사항	변제기, 이자, 각종 특약

핵심지문

1. 저당의 목적이 되는 부동산이 5개 이상인 경우, 등기관은 공동담보목록을 작성하여야 한다.
2. 금전채권이 아닌 채권을 담보하기 위한 저당권설정등기를 할 수 있다.
3. 채무자와 저당권설정자가 동일한 경우에도 등기기록에 채무자를 표시하여야 한다.

(1) 저당권등기의 절차

1) 신청서의 기록사항

필요적 기록사항	㉠ 채권액 ㉡ 채무자의 성명·주소 − 채무자와 저당권설정자가 다른 경우는 물론이고, 동일인일 경우에도 반드시 기록하여야 한다. ㉢ 권리의 표시 : 저당권의 목적이 지상권이나 전세권인 때 ㉣ 공동담보의 표시 : 공동저당의 경우
임의적 기록사항	변제기, 이자와 그 지급시기 등

2) 등기의 실행

① 저당권설정등기

원칙(소유권을 목적)	주등기
예외(지상권, 전세권을 목적)	부기등기

② 저당권이전등기: 부기등기에 의한다. / 저당권이전등기신청시 채권양도통지서나 채무자의 승낙서는 첨부정보이 아니다. / 신청서에는 채권이 저당권과 같이 이전한다는 뜻을 기록하여야 한다.

③ 저당권변경등기: 채무자변경의 경우 저당권변경등기를 한다.

④ 저당권말소등기

　㉠ 원칙: 공동신청

　㉡ 예외: <u>등기의무자의 행방불명</u>으로 공동신청할 수 없을 때는 <u>등기권리자</u>가

　　ⓐ 민사소송법에 따라 공시최고를 신청하여 제권판결을 받거나,

　　ⓑ **채권증서**와 **채권영수증** 및 **최후 1년분의 이자영수증**을 첨부하여 단독신청 할 수 있다.

(2) 공동저당의 등기신청에 관한 특칙

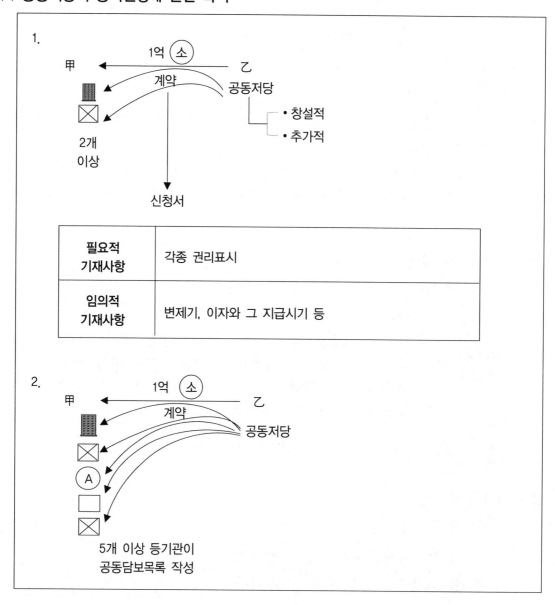

1) 신청서에 '각 부동산에 관한 권리'를 표시하여야 한다.

2) 목적부동산이 5개 이상인 때에는 공동담보목록을 첨부하여야 한다(창설적 공동저당이든 추가적 공동저당이든 동일).

⑶ **근저당권 설정등기**

(1) 의의

계속적 거래관계로부터 생기는 불특정 다수의 채권를 장래의 결산기에 일정한 한도액(**최고액**)까지 **담보하기 위하여 하는 저당권**(＝마이너스통장)

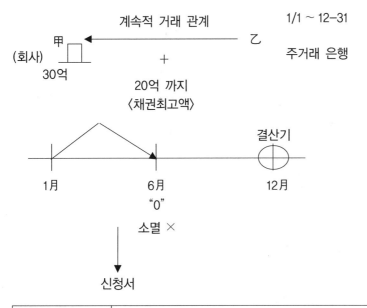

필요적 기재사항	근저당권이란 취지, 채권최고액, 채무자
임의적 기재사항	결산기, 존속기간

 핵심지문

1. 보통의 저당권에 있어서 변제기는 약정이 있는 경우에는 등기사항이지만, 근저당권에 있어서 변제기는 등기사항이 아니다.
2. 근저당권설정등기에 있어서 채권최고액은 반드시 단일하게 제공하여야 하고, 채권자 또는 채무자가 수인일지라도 각 채권자 또는 채무자별로 채권액을 구분하여 제공할 수 없다.

1) 신청서의 필요적 기록사항: 채권최고액, 채무자, 근저당권 설정계약인 취지

> ▶ 채권최고액은 채권자와 채무자가 수인이더라도 신청서에 반드시 단일하게 기록하여야 한다(채권자별 또는 채무자별로 기록할 수 없다).
> ▶ 수인이 연대채무자라 하더라도 등기부에는 단순히 '채무자'로만 표시한다.
> ▶ 연대보증인은 기록사항이 아니다.
> ▶ 이자에 관한 사항, 채무불이행으로 인한 손해배상약정 등은 채권최고액에 포함되어있으므로 신청서의 기록사항이 아니다.
> ▶ 이자는 저당권등기신청에는 임의적 기록사항이나, 근저당권등기신청에는 기록사항이 아니다.

📖 **확인문제**

1. 등기관이 근저당권등기를 하는 경우에 관한 설명으로 틀린 것은? 제34회

① 채무자의 성명, 주소 및 주민등록번호를 등기기록에 기록하여야 한다.

② 채무자가 수인인 경우라도 채무자별로 채권최고액을 구분하여 기록할 수 없다.

③ 신청정보의 채권최고액이 외국통화로 표시된 경우, 외화표시금액을 채권최고액으로 기록한다.

④ 선순위근저당권의 채권최고액을 감액하는 변경등기는 그 저당목적물에 관한 후순위권리자의 승낙서가 첨부되지 않더라도 할 수 있다.

⑤ 수용으로 인한 소유권이전등기를 하는 경우, 특별한 사정이 없는 한 그 부동산의 등기기록 중 근저당권등기는 직권으로 말소하여야 한다.

정답 1. ①

5. 임차권에 관한 등기절차

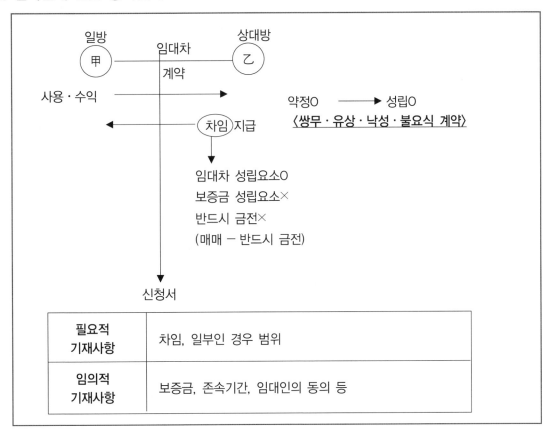

필요적 기재사항	차임, 일부인 경우 범위
임의적 기재사항	보증금, 존속기간, 임대인의 동의 등

(1) 임차권의 설정

  ① 신청서의 필요적 기록사항: 차임, 부동산의 일부에 대한 임차권설정의 경우 그 범위(이때는 도면 첨부), 단기임대차의 경우 처분의 능력 또는 권한이 없는 자라는 취지

  ② 신청서의 임의적 기록사항: 존속기간, 차임의 지급시기, 임차권의 이전 또는 전대를 허용한 때에는 그 취지

(2) 임차권의 양도 또는 전대

  ① 임차권의 양도 또는 전대시에 그를 허용한다는 취지의 등기가 없는 경우에는 신청서에 임대인의 동의서를 첨부하여야 한다.

  ② 임차권의 이전등기는 부기등기로 한다.

(3) 임차권등기명령

  ① **임대차종료후 보증금을 반환받지 못한 임차인**은 임차주택/상가의 소재지 관할 법원에 임차권등기명령을 신청할 수 있다.

  ② 신청에 따라 임차권등기명령을 한 법원은 등기소에 임차권등기를 촉탁.

  ③ 임차권등기명령에 의한 임차권등기는 이전등기를 하지 못한다.

④ 임차권등기명령에 의한 임차권자에 대하여 후순위임차권자는 소액보증금의 (최우선)변제를 받지 못한다.

> ▶ 임차권등기명령은 관할법원에 신청한다. ⇨ 등기소에 신청하는 것이 아니다.
> ▶ 법원은 임차권등기명령에 따라 임차권등기를 촉탁한다 ⇨ 명령 ×

6. 권리질권

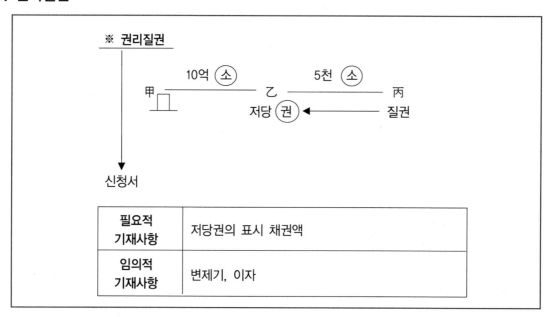

필요적 기재사항	저당권의 표시 채권액
임의적 기재사항	변제기, 이자

각종 등기의 등기절차

1. 변경등기, 경정등기

<table>
<tr><th colspan="2"></th><th>변경등기</th><th>경정등기</th></tr>
<tr><td colspan="2">내 용</td><td>등기 ≠ 실체관계
일부
후발적사유
동일성 유지</td><td>등기 ≠ 실체관계┐→ 지체없이
일부
원시적사유
동일성 유지</td></tr>
<tr><td rowspan="2">방 법</td><td>신 청</td><td>권리 ⇨ 공동신청┐
부동산표시　　→ 단독신청
명의인표시┘</td><td>권리 ⇨ 공동신청┐
부동산표시　　→ 단독신청
명의인표시┘</td></tr>
<tr><td>직 권</td><td>권리 ⇨ ×
부동산표시: 행정구역 명칭 변경시
명의인표시: 소유권이전등기 신청시</td><td>권리 ⇨ ×(단, 등기부상 이해관계인 有: 승낙서 첨부 가능)
부동산표시
명의인표시</td></tr>
</table>

2. 말소등기, 멸실등기

<table>
<tr><th colspan="2"></th><th>말소등기</th><th>멸실등기</th></tr>
<tr><td colspan="2">내 용</td><td>등기 ≠ 실체관계
전부
무효
권리</td><td>등기 ≠ 실체관계
전부
무효
물건</td></tr>
<tr><td rowspan="2">방 법</td><td>신 청</td><td>원칙: 공동신청
예외: 단독신청
　　　(사망, 행방불명, 혼동, 가
　　　등기말소)</td><td rowspan="2">단독신청
토지 ⇨ 반드시 대장등본 첨부
• 건물　┌ 대장등본첨부
　　　　└ 건물부존재 증명하는
　　　　　 서면 첨부</td></tr>
<tr><td>직 권</td><td>① 법29조 1호, 2호
② 가등기후 본등기전 양립불가인 등기
③ 환매권행사후 환매특약등기</td></tr>
</table>

방 법	직 권	④ 토지수용후, 前권리말소 ⑤ 권리소멸 약정후 권리소멸 　등기 말소시 권리소멸약정 　의 등기 ⑥ 제3자의 권리의 목적으로 된 　권리말소시 그 제3자의 권리 ⑦ 장기간 방치된 등기	건물멸실등기 ⇨ 1月내 존재하지않는 건물의 멸실등기 　　　　　　⇨ 지체없이

3. 말소회복등기

	말소회복등기
내 용	• 등기(권리) 전부 or 일부가 부적법하게 말소 ⇨ 회복
방 법	• 전부회복 ⇨ 주등기 • 일부회복 ⇨ 부기등기 • 당사자 자발적으로 말소한 경우 ⇨ 회복등기 불가 • 부적법 말소가 신청 ⇨ 회복도 신청 • 부적법 말소가 직권 ⇨ 회복도 직권 • 부적법 말소가 촉탁 ⇨ 회복도 촉탁 • 등기부상 이해관계인 有 ⇨ 승낙서 첨부

4. 부기등기를 하는 경우

> 1) 등기명의인 표시변경(경정)등기
> 2) 이해관계인 승낙서를 첨부한 권리변경(경정)등기
> 3) 소유권 이외의 권리의 이전등기
> 4) 환매특약의 등기, 권리질권 등기, 전전세권 등기
> 5) 지상권이나 전세권을 목적으로 하는 저당권설정등기
> 6) 등기사항의 일부에 대한 말소회복등기, 권리소멸약정의 등기, 지분변경등기
> 7) 구분건물의 경우 건물만에 관한 취지의 등기
> 8) 가등기의 가등기 / 가등기의 이전등기

📖 확인문제

1. 부동산등기에 관한 설명으로 옳은 것은?

① 유증으로 인한 소유권이전등기는 상속등기를 거치지 않으면 유증자로부터 직접 수증자 명의로 신청할 수 없다.

② 유증으로 인한 소유권이전등기 신청이 상속인의 유류분을 침해하는 내용인 경우에는 등기관은 이를 수리할 수 없다.

③ 상속재산분할심판에 따른 상속인의 소유권이전등기는 법정상속분에 따른 상속등기를 거치지 않으면 할 수 없다.

④ 상속등기 경료 전의 상속재산분할협의에 따라 상속등기를 신청하는 경우, 등기원인일자는 '협의분할일'로 한다.

⑤ 권리의 변경등기는 그 등기로 등기상 이해관계 있는 제3자의 권리가 침해되는 경우, 그 제3자의 승낙 또는 이에 대항할 수 있는 재판이 있음을 증명하는 정보의 제공이 없으면 부기등기로 할 수 없다.

정답 1. ⑤

5. 가등기

1) 의의 : 청구권(채권) 보전하고자 할 때

2) 판례 : 일종의 재산권으로 봄

3) 가등기 여부

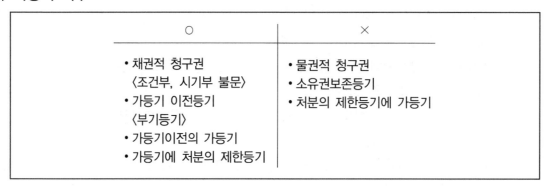

○	×
• 채권적 청구권 〈조건부, 시기부 불문〉 • 가등기 이전등기 〈부기등기〉 • 가등기이전의 가등기 • 가등기에 처분의 제한등기	• 물권적 청구권 • 소유권보존등기 • 처분의 제한등기에 가등기

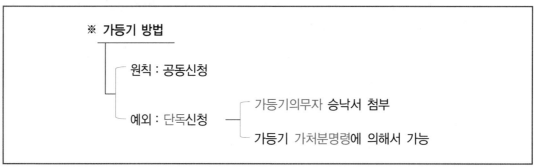

※ 가등기 방법

원칙 : 공동신청

예외 : 단독신청 ── 가등기의무자 승낙서 첨부

가등기 가처분명령에 의해서 가능

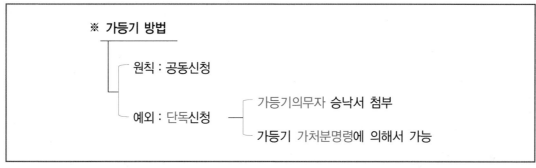

※ 가등기 방법

원칙 : 공동신청

예외 : 단독신청 ── 가등기의무자 승낙서 첨부

가등기 가처분명령에 의해서 가능

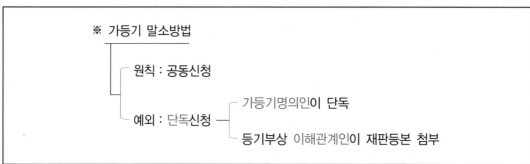

※ 가등기 말소방법

원칙 : 공동신청

예외 : 단독신청 ── 가등기명의인이 단독

등기부상 이해관계인이 재판등본 첨부

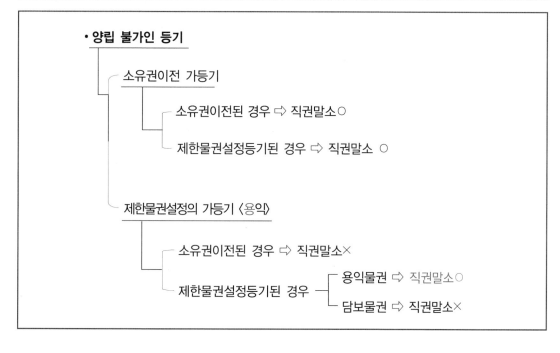

직권말소○	직권말소×
• 가등기 후 본등기 전에 이루어진 등기 중	가등기 전에 이루어진 등기
• 당해 목적물에 대한 중간처분적 등기 중	당해 가등기를 목적으로 하는 등기 (가압류, 가처분등기)

• **양립 불가인 등기**
  - 소유권이전 가등기
    - 소유권이전된 경우 ⇨ 직권말소○
    - 제한물권설정등기된 경우 ⇨ 직권말소 ○
  - 제한물권설정의 가등기 〈용익〉
    - 소유권이전된 경우 ⇨ 직권말소×
    - 제한물권설정등기된 경우 ⇨ 용익물권 ⇨ 직권말소○ / 담보물권 ⇨ 직권말소×

> ▶ 직권말소대상이 아닌 것
> 1. 당해 가등기상의 권리를 목적으로 하는 가압류·가처분등기
> 2. 가등기 전에 경료된 저당권·전세권·담보가등기·가압류에 의한 경매신청
>   등기, 대항력있는 주택임차권등기

4). 가등기의 효력

① 가등기는 그자체로서는 권리변동의 효력이 없으며, 가등기에 기한 본등기시에 본등기의 순위가 가등기시로 소급한다. (본등기 순위보전의 효력)

② 가등기는 예비등기이므로 권리변동적 효력, 대항적 효력, 추정적 효력, 처분금지의 효력 등은 없다.

📖 확인문제

1. 가등기에 관한 설명으로 틀린 것은? 제34회

① 가등기로 보전하려는 등기청구권이 해제조건부인 경우에는 가등기를 할 수 없다.

② 소유권이전청구권 가등기는 주등기의 방식으로 한다.

③ 가등기는 가등기권리자와 가등기의무자가 공동으로 신청할 수 있다.

④ 가등기에 기한 본등기를 금지하는 취지의 가처분등기의 촉탁이 있는 경우, 등기관은 이를 각하하여야 한다.

⑤ 소유권이전청구권 가등기에 기하여 본등기를 하는 경우, 등기관은 그 가등기를 말소하는 표시를 하여야 한다.

정답 1. ⑤

📖 가등기 기출지문 총정리

1. 가등기권리자는 가등기의무자의 승낙이 있는 경우에 단독으로 가등기를 신청할 수 있다.

2. 가등기명의인은 단독으로 가등기의 말소를 신청할 수 있다.

3. 가등기의무자는 가등기명의인의 승낙을 받아 단독으로 가등기의 말소를 신청할 수 있다.

4. 부동산소유권이전의 청구권이 정지조건부인 경우에 그 청구권을 보전하기 위해 가등기를 할 수 있다.

5. 가등기를 명하는 가처분명령은 부동산소재지를 관할하는 지방법원이 할 수 있다.

📖 가등기 기출지문 총정리

6. 가등기에 관해 등기상 이해관계 있는 자가 가등기명의인의 승낙을 받은 경우, 단독으로 가등기의 말소를 신청할 수 있다.

7. 청구권보전을 위한 가등기는 등기할 수 있는 권리의 설정·이전·변경·소멸의 청구권을 보전하려는 경우, 그 청구권이 시기부 또는 정지조건부일 경우나 그 밖에 장래에 확정될 것인 경우에 신청할 수 있다.

8. 가등기권리자는 가등기의무자의 승낙이 있거나 가등기를 명하는 법원의 가처분 명령이 있을 때에는 단독으로 가등기를 신청할 수 있다.

9. 가등기를 신청하는 경우에는 그 가등기로 보전하려고 하는 권리를 신청정보의 내용으로 등기소에 제공하여야 한다.

10. 가등기 후 본등기의 신청이 있는 경우, 가등기의 순위번호를 사용하여 본등기를 하여야 한다.

11. 임차권설정등기청구권보전 가등기에 의한 본등기를 마친 경우, 등기관은 가등기 후 본등기 전에 가등기와 동일한 부분에 마친 부동산용익권 등기를 직권말소 한다.

12. 저당권설정등기청구권보전 가등기에 의한 본등기를 한 경우, 등기관은 가등기 후 본등기 전에 마친 제3자 명의의 부동산용익권 등기를 직권말소할 수 없다.

13. 매매예약완결권의 행사로 소유권이전청구권이 장래에 확정되게 될 경우, 이 청구권을 미리 보전하기 위한 가등기를 할 수 있다.

14. 물권적 청구권을 보전하기 위한 가등기를 할 수 없다.

15. 가등기에 의하여 보전된 소유권이전청구권을 양도한 경우, 그 청구권의 이전등기는 가등기에 대한 부기등기로 한다.

16. 甲이 乙소유 토지에 대한 소유권이전청구권을 보전하기 위하여 가등기를 한 후 乙이 그 토지를 丙에게 양도한 경우, 甲의 본등기청구의 상대방은 乙이다.

17. 지상권설정청구권을 보전하기 위한 가등기는 을구에 한다.

18. 부동산임차권의 이전청구권을 보전하기 위한 가등기는 허용된다.

19. 가등기에 기한 본등기를 금지하는 취지의 가처분등기는 할 수 없다.

20. 가등기의무자도 가등기명의인의 승낙을 받아 단독으로 가등기의 말소를 청구할 수 있다.

21. 사인증여로 인하여 발생한 소유권이전등기청구권을 보전하기 위한 가등기는 할 수 있다.

📖 **가등기 기출지문 총정리**

22. 甲이 자신의 토지에 대해 乙에게 저당권설정청구권 보전을 위한 가등기를 해준 뒤 丙에게 그 토지에 대해 소유권이전등기를 했더라도 가등기에 기한 본등기 신청의 등기의무자는 甲이다.

23. 소유권보존등기를 위한 가등기는 할 수 없다.

24. 가등기권리자가 여럿인 경우, 전원이 본등기를 신청하거나, 일부가 자기지분에 대해서 본등기를 신청할 수 있어도, 일부가 전원명의로 본등기를 할 수 없다.

25. 가등기권리자가 가등기에 의한 본등기로 소유권이전등기를 하지 않고 별도의 소유권이전등기를 한 경우, 그 가등기 후에 본등기와 저촉되는 중간등기가 없다면 가등기에 의한 본등기를 할 수 없다.

📖 **확인문제**

1. 가등기에 관한 설명으로 옳은 것은? 제33회

① 가등기명의인은 그 가등기의 말소를 단독으로 신청할 수 없다.

② 가등기의무자는 가등기명의인의 승낙을 받더라도 가등기의 말소를 단독으로 신청할 수 없다.

③ 가등기권리자는 가등기를 명하는 법원의 가처분명령이 있더라도 단독으로 가등기를 신청할 수 없다.

④ 하나의 가등기에 관하여 여러 사람의 가등기권자가 있는 경우, 그 중 일부의 가등기권자는 공유물보존행위에 준하여 가등기 전부에 관한 본등기를 신청할 수 없다.

⑤ 가등기목적물의 소유권이 가등기 후에 제3자에게 이전된 경우, 가등기에 의한 본등기신청의 등기의무자는 그 제3자이다.

2. 토지에 대한 소유권이전청구권보전 가등기에 기하여 소유권이전의 본등기를 한 경우, 그 가등기 후 본등기 전에 마쳐진 등기 중 등기관의 직권말소 대상이 아닌 것은? 제33회

① 지상권설정등기　　　　　　② 지역권설정등기

③ 저당권설정등기　　　　　　④ 임차권설정등기

⑤ 해당 가등기상 권리를 목적으로 하는 가압류등기

3. X토지에 관하여 A등기청구권보전을 위한 가등기 이후, B – C의 순서로 각 등기가 적법하게 마쳐졌다. B등기가 직권말소의 대상인 것은? (A, B, C등기는 X를 목적으로 함) 제35회

	A	B	C
①	전세권설정	가압류등기	전세권설정본등기
②	임차권설정	저당권설정등기	임차권설정본등기
③	저당권설정	소유권이전등기	저당권설정본등기
④	소유권이전	저당권설정등기	소유권이전본등기
⑤	지상권설정	가압류등기	지상권설정본등기

정답 1. ④　2. ④　3. ②

📖 **확인문제**

4. 가등기에 관한 설명으로 옳은 것은? (다툼이 있으면 판례에 따름)

① 소유권이전등기청구권 보전을 위한 가등기에 기한 본등기가 경료된 경우, 본등기에 의한 물권변동의 효력은 가등기한 때로 소급하여 발생한다.

② 소유권이전등기청구권 보전을 위한 가등기가 마쳐진 부동산에 처분금지가처분등기가 된 후 본등기가 이루어진 경우, 그 본등기로 가처분채권자에게 대항할 수 있다.

③ 정지조건부의 지상권설정청구권을 보전하기 위해서는 가등기를 할 수 없다.

④ 가등기된 소유권이전등기청구권이 양도된 경우, 그 가등기상의 권리의 이전등기를 가등기에 대한 부기등기의 형식으로 경료할 수 없다.

⑤ 소유권이전등기청구권 보전을 위한 가등기가 있으면 소유권이전등기를 청구할 어떤 법률관계가 있다고 추정된다.

정답 4. ②

6. 1인의 등기신청 가 / 부

	1인의 전원명의의 등기신청	1인이 자기지분만의 등기신청
포괄유증에서 수증자 중 1인 명의등기	×	○
공유에서 공유자 중 1인 명의등기 〈보존, 이전〉	○	×
공동상속인 중 1인 명의 지분이전등기	○	×
여러명의 가등기 권리자 중 1인만의 본등기	×	○

핵심지문

공동상속인 중 일부가 자기상속분에 대하여만 하는 상속에 의한 소유권이전 등기신청 또는 공유자 중 일부지분 만에 관한 보존등기신청

7. 처분금지가처분등기

🏠 그림 1

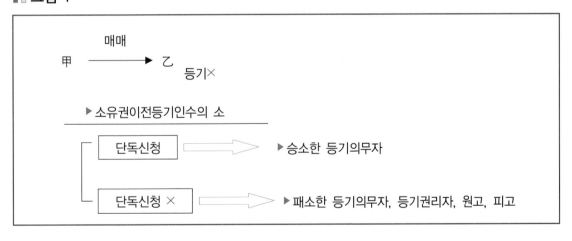

🏠 **그림 2**

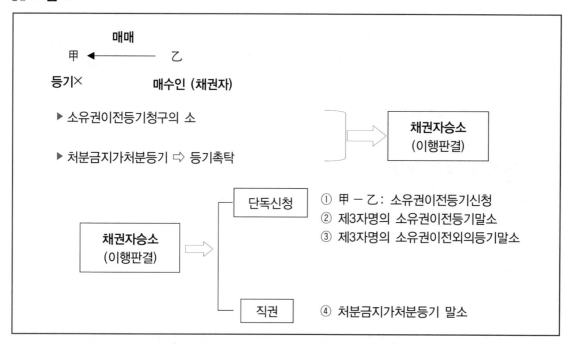

🏠 **그림 3**

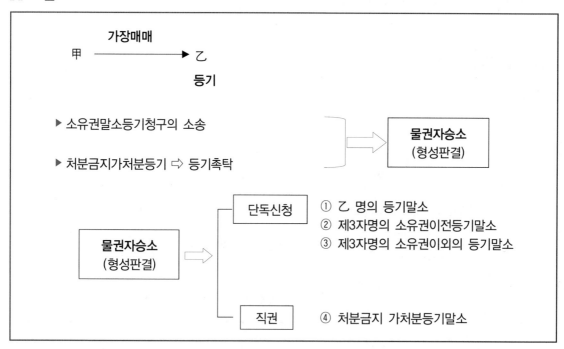

📖 가처분 기출지문 총정리

1. 부동산에 대한 처분금지가처분등기의 경우, 등기청구권을 피보전권리로 기록한다.

2. 처분금지가처분등기가 된 후, 가처분채무자를 등기의무자로 하여 소유권이전등기를 신청하는 가처분채권자는 그 가처분등기 전에 마쳐진 등기는 말소신청을 할 수 없다.

3. 가처분채권자가 가처분등기 후의 등기말소를 신청할 때에는 "가처분에 의한 실효"를 등기원인으로 하여야 한다.

4. 가처분채권자의 말소신청에 따라 가처분등기 후의 등기를 말소하는 등기관은 그 가처분등기도 직권말소하여야 한다.

5. 처분금지가처분등기가 되어 있는 토지에 대하여도 지상권설정등기를 신청할 수 있다.

📖 넓혀보기

1. 환매특약등기는 소유권이전등기와 반드시 동시에 신청하여야 하나, 신청서는 각각 제출하여야 한다.

2. 환매권이 행사된 경우에는 환매특약등기말소는 등기관이 직권으로 말소를 하지만, 환매권을 행사하지 않는 경우에는 등기관이 직권으로 말소할 수 없고 당사자가 말소를 신청하여야 한다.

3. 수탁자의 신탁등기 신청은 해당 부동산에 관한 권리의 설정등기, 보존등기, 이전등기 또는 변경등기의 신청과 동시에 해야한다.

4. 하나의 부동산에 대해 수탁자가 여러명인 경우 등기관은 그 신탁부동산이 합유인 뜻을 기록하여야 한다.

5. 토지공유자 중 1인을 등기의무자로 하여 그의 지분만을 목적으로 하는 구분지상권을 설정할 수 없다.

6. 승역지의 전세권자가 지역권을 설정해주는 경우 그 지역권설정등기는 전세권등기에 부기등기로 한다.

7. 건물소유권의 공유지분 일부에 대하여는 전세권설정등기를 할 수 없다.

8. 전세금반환채권의 일부양도를 원인으로 하는 전세권일부이전등기의 신청은 전세권소멸의 증명이 없는 한, 전세권 존속기간 만료 전에는 할 수 없다.

9. 근저당권설정등기를 함에 있어서 채무자가 수인인 경우 그 수인의 채무자가 연대채무자라 하더라도 등기기록에는 단순히 채무자로 기록한다.

10. 저당권부 채권에 대한 질권의 설정등기도 할 수 있다.

11. 임차권에 관한 등기를 신청하는 경우 차임과 범위를 반드시 신청서에 기재하여야 한다.

12. 주택임대차보호법에 의한 임차권등기명령이 된 경우 임차권이전등기를 할 수 없다.

13. 말소등기의 말소등기는 허용되지 않는다.

14. 말소등기는 항상 주등기 방식으로 한다.

15. 가등기의무자는 가등기명의인의 승낙을 받아 단독으로 가등기의 말소를 신청할 수 있다.

📖 CHECKPOINT

1. 소유권보존등기말소를 명한 판결에 의해서도 소유권보존등기를 신청할 수 있다.

2. 미등기부동산의 매수인, 양수인, 포괄수증자는 소유권보존등기를 신청할 수 없고, 소유권이전등기를 신청하여야한다.

3. 공정증서에 의한 유언의 경우에도 등기의무자인 유언집행자가 유증을 등기원인으로 하는 소유권이전등기를 단독으로 신청할 수 없다.

4. 진정명의회복을 원인으로 소유권보존등기, 소유권이전등기를 하는 경우 현재의 소유권의 등기명의인이 등기의무자이다.

5. 농지에 건물기타의 공작물이나 수목을 소유하기 위하여 지상권설정등기를 하는 것은 가능하지만, 경작의 대상이 되는 식물의 소유를 목적으로 지상권설정등기는 할 수 없다.

6. 승역지의 공유지분에 대하여는 지역권설정등기를 할 수 없다.

7. 지상권이나 지역권은 토지에만 설정할 수 있는 권리이지만, 전세권은 토지뿐만 아니라 건물에도 설정할 수 있는 권리이다.

8. 토지의 공중공간이나 지하공간에 상·하의 범위를 정하여 구분임차권등기를 할 수 없다.

9. 근저당권에서 채권최고액은 반드시 단일하게 기록하여야 하며, 비록 채권자 또는 채무자가 여러명 일지라도 각 채권자 또는 채무자 별로 채권최고액을 구분하여 기록할 수 없다.

10. 공장저당권의 설정등기는 공장에 속하는 토지 또는 건물에 부가된 기계·기구등에 대하여도 저당권의 효력이 미치는데, 공장구내에 소재하는 토지 또는 건물이라 하더라도 기계, 기구 등이 설치되지 아니한 것에 대하여는 공장저당이 성립할 수 없으며, 공장에서 떨어져 있는 사원기숙사건물과 그 대지등과 같은 것은 공장저당의 목적이 될 수 없고 공동저당을 설정하여야 한다.

11. 저당권으로 담보한 채권을 채권담보권의 목적으로 한 때에는 그 저당권등기에 채권담보권으로 부기등기를 하여야 그 효력이 저당권에 미친다.

12. 부동산표시의 변경등기는 단순히 표제부만 그 내용을 바꾸어주면 되지만 부동산의 변경등기(토지의 분필등기 등)는 등기기록의 개설 또는 폐쇄를 수반한다.

13. 소유권 일부이전등기란 단독소유를 공유로 하거나, 공유지분의 전부 또는 일부를 이전하는 것을 말한다.

14. 등기관이 등기의 착오가 등기관의 잘못으로 인한 것임을 발견할 경우에는 지체없이 그 등기를 직권으로 경정하여야한다. 다만, 등기부상이해관계인이 있는 경우에는 제3자의 승낙이 있어야 한다.

15. 원칙적으로 부기등기만의 말소등기는 허용되지 않지만, 그 이전의 원인만이 무효 또는 취소되거나 해제된 경우에는 부기등기만이 말소의 대상이 된다.

16. 등기관이 가처분권자의 승소판결에 따라 가처분등기 이후의 등기를 말소할 때에는 직권으로 그 가처분등기도 말소하여야 한다.

17. 말소회복등기에서 부적법말소의 의미는 실체적이유, 절차적이유를 불문하고 말소등기가 무효인 경우를 말한다.

18. 말소회복등기에서 등기부상이해관계인의 판단시점은 제3자의 권리취득시(말소등기시)를 기준으로 하는 것이 아니라 회복등기시를 기준으로 판단한다.

19. 가등기권리자는 가등기를 명하는 법원의 가처분명령이 있는 경우에는 단독으로 가등기를 신청할 수 있다.

20. 소유권이전등기청구보전의 가등기는 주등기방식으로, 소유권이외의 권리의 이전청구권보전의 가등기는 부기등기방식으로 실행한다.

제36회 공인중개사 시험대비 **전면개정판**

2025 **박문각** 공인중개사
이승현 샘의 **5G** 합격노트 **2차** 부동산공시법령

초판인쇄 | 2025. 2. 5.　**초판발행** | 2025. 2. 10.　**편저** | 이승현 편저
발행인 | 박 용　**발행처** | (주)박문각출판　**등록** | 2015년 4월 29일 제2019-000137호
주소 | 06654 서울시 서초구 효령로 283 서경빌딩 4층　**팩스** | (02)584-2927
전화 | 교재 주문 (02)6466-7202, 동영상문의 (02)6466-7201

저자와의
협의하에
인지생략

정가 22,000원
ISBN 979-11-7262-555-9